Markusine Guthjahr

Kochen mit den Gaben Gottes

Früchte und Pflanzen der Bibel

Landbuch

Impressum
Guthjahr, Markusine:
Kochen mit den Gaben Gottes – 1. Auflage –
Brunsbek: Cadmos Verlag GmbH, 2008

Im Dorfe 11
D-22946 Brunsbek
Tel.: 04104 8517-0
Fax: 04104 8517-12
info@cadmos.de
www.cadmos.de

Hinweis:
Alle in diesem Buch enthaltenen Angaben, Daten, Ergebnisse etc. wurden von der Verfasserin nach bestem Wissen erstellt und von ihr und dem Verlag mit größtmöglicher Sorgfalt überprüft. Eine Verantwortung und Haftung für etwaige inhaltliche Unrichtigkeiten kann jedoch nicht übernommen werden. Der Haftungsausschluss gilt nicht, soweit nach dem Produkthaftungsgesetz für Personen- und Sachschäden gehaftet wird. Jeder Leser muss beim Umgang mit den genannten Stoffen, Materialien, Geräten usw. Vorsicht walten lassen, Gebrauchsanweisungen und Herstellerhinweise beachten sowie den Zugang für Unbefugte verhindern.

Autorin: Markusine Guthjahr (Fachbuchautorin, Ernährungsberaterin und Kräuterexpertin)
Theologische Beratung: Burghard Guthjahr (Theologe)
Bibelübersetzung: Luther 1984, Einheitsübersetzung 1980, Gute Nachricht 2000

Bildnachweise: S. 17 © elli – Fotolia.com, S. 23 Igor Dutina – Fotolia.com, S. 45 Gerull/Hoenow, S. 45 Gerull/Hoenow, S. 77 Gerull/Hoenow, S. 121 ringlow – Fotolia.com, S. 135 dim@dim – Fotolia.com, S. 141 Katarzyna Malecka – Fotolia.com

Gestaltung und Satz: Nadine Hoenow
Titelbild: Ingeborg Parusel
Rezeptfotos: André Chales de Beaulieu
Alle weiteren Fotos: Peter Pretscher
Lektorat: Ingrid Hilgers

Druck: Westermann Druck GmbH, Zwickau

Printed in Germany

ISBN 978-3-86127-896-2

Liebe Leserinnen und Leser,

Meine eigentliche Welt ist die heimische Natur mit ihren vielfältigen Kräutern und Wildfruchtarten. Doch anlässlich einer Israelreise faszinierte mich besonders die Vegetation dieses Landes. Ehrfürchtig bestaunte ich die imposanten Dattelpalmen und die uralten Olivenbäume im Garten Gethsemane. Hinzu kamen die herrlichen Früchte, die duftenden Gewürze und die orientalischen Köstlichkeiten wie aus 1001 Nacht, die in Basaren und Straßenrestaurants allerorts angeboten wurden.
Inspiriert durch diese eindrucksvollen Erlebnisse reifte in mir die Idee, essbare Pflanzen und Früchte in der Bibel neu zu entdecken. Vielfältige Pflanzen werden im „Buch der Bücher" kulturhistorisch und gleichnishaft dokumentiert und zitiert. Wir finden in der Bibel nicht nur Besinnliches und Nachdenkliches zur Esskultur, sondern auch Anregungen für eine orientalisch geprägte Speisekarte.

Köstliche Baumfrüchte wie Granatäpfel und Mandeln werden gepriesen, aber auch einfache Hülsenfrüchte oder Koriander und Kreuzkümmel kommen zur Geltung. Früchte, Gemüsearten, Kräuter und Gewürze haben eine jahrhundertealte Geschichte, die besonders in der bildhaften Sprache des Alten Testaments zum Ausdruck kommt. Mich fasziniert, wie man mit einfachen Zutaten, beispielsweise Linsen, Kichererbsen, Oliven und Melonen, herrliche Gerichte zaubern kann, um damit unsere Alltagsküche zu bereichern.

Der vorliegende Band ist mehr als ein Kochbuch: Dieses Buch regt an zum gemeinsamen Kochen in der Gruppe, „kommunikatives Kochen" ist das Zauberwort, ein erfolgreiches Konzept, wie ich es selbst vielfach erprobt habe. Kochen heißt hier Begegnung mit Menschen und bewusster Umgang mit Lebensmitteln. Das gemeinsame Vorbereiten und Essen entspannt, es verbindet, schafft Raum für Improvisation und neue Ideen, und nebenbei kann man über „Gott und die Welt" reden.

Lassen Sie sich inspirieren! Die Rezepte sind zeitgemäß und leicht zu realisieren.

Königsberg, Oktober 2008
Markusine Guthjahr

InhaltsVERZEICHNIS

Einleitung 11

Von Datteln, Mandeln und Melonen: Köstliche Früchte aus dem „Gelobten Land“ 11

Die „sieben Arten“ im „Gelobten Land“ . . 11
Der biblische Gemüsegarten 12
Wilde Kräuter und „Bitterkräuter“ 12

Biblische Obst- und Baumfrüchte 13

Dattelpalme 14
Allgemeines 14
Datteln – süßes Brot der Wüste 15
Datteln – nahrhaft und gesund 15
Datteln für Naschkatzen und Feinschmecker 15

Dattelrezepte 16
Dattel-Konfekt 16
Dattelmakronen 16
Dattel-Apfelkuchen 17
Obstsalat im goldenen Mantel 18
Flambierte Bratäpfel 19
Dattelcreme 19

Der Echte Feigenbaum 20
Feigenbaum im Paradies 20
Frische Feigen – eine Delikatesse 21

Feigenrezepte 22
Feigen-Apfel-Chutney 22
Feigenlikör 22
Feigen-Vollkorn-Gebäck 23
Feigen-Pflaumen-Torte 25

Granatapfelbaum 26
Granatapfel – Symbol der Fruchtbarkeit 26
Granatapfel – schützt Körperzellen 27
Verarbeitung frischer Früchte 27

Granatapfelrezepte 28
Obstsalat mit Granatapfel und Feigen . . . 28
Feldsalat mit Granatapfel 28
Granatapfel-Müsli 29
Grenadine-Grapefruit-Longdrink 29
Granatapfellikör 31

Mandelbaum 32
Königliches Gastgeschenk 32
Mandeln – gehaltvoll und süß 33
Mandelöl für die Schönheit 33

Mandelrezepte 34
Apfeltorte mit Mandelhaube 35
Jakobs Mandelsplitter 35
Mandelomelett mit Aprikosencreme 36
Mandelcremesuppe mit Möhren 36
Mangoldauflauf mit Mandelkruste 37
Süßer Mandel-Honig-Auflauf 37

Olivenbaum 38
Allgemeines 38
Olivenöl – das grüne Gold 39
Olivenöl für die Schönheit 39

Olivenrezepte 40
Orientalischer Salat 40
Pikanter Olivenkäse 41
Schafskäseaufstrich mit Knoblauch 41
Oliven-Minze-Torte mit Geflügel 43

Ziegenkäse, in Olivenöl eingelegt 44
Schwarze Olivenpaste 44
Olivenbrot 45

Walnussbaum **46**
Walnussgärten im „Gelobten Land" 46
Walnüsse – kernige Kraftspender 47

Walnussrezepte **48**
Walnuss-Ingwer-Sterne 49
Walnussbrötchen 50
Trauben-Walnuss-Salat 50
Waldorfsalat 51
Grüner Walnusslikör 51
Feines Orangendessert mit gebackten Walnüssen 53
Obstsalat „Herbstzeit" 53

Weinstock/Weinrebe **54**
Allgemeines 54
Weintrauben – von der Sonne verwöhnt . 55
Rosinen – geballte Süßkraft 55
Traubenkur im Herbst 55

Weinrezepte **56**
Fruchtsalat „Traubental" 57
Beschwipste Weintrauben 57
Kalbsschnitzel mit Champignons in Weinsoße 58
Trauben, in Wein eingelegt 58
Davids Powerfrühstück 59
Feine Weincreme 59
Rosinen-Mandel-Schnecken 60
Gefüllte Weinblätter 61
Knusprige Rosinentaler 62

Biblische Feld- und Gartenpflanzen 63

Kichererbse **64**
Der Samen mit dem Widderkopf 64
Kichererbsen – pflanzliche Eiweißquelle . 65

Kichererbsenrezepte **66**
Kichererbsenbällchen (Falafel) 67
Pikante Kichererbsensuppe 68
Möhrenfrischkost 68
Joghurt-Knoblauch-Soße 69
Kichererbsenpaste (Hummus) 69

Linsen **70**
Esaus Linsengericht 70
Linsen – Perlen der Vollwerternährung .. 71
Gekeimte Linsensprossen 71

Linsenrezepte **72**
Esaus rotes Linsengericht 73
Linsenbrotaufstrich 73
Lauwarmer Linsensprossensalat mit Rote Beete und Kreuzkümmel 74
Feine Linsencremesuppe 75
Linsenpuffer 75

Melone **76**
Allgemeines 76
Melonen – leicht und fruchtig 77
Kalorienarme Fitmacher 77

Melonenrezepte **77**
Melonen-Orangen-Cocktail 77
Melonensalat mit Geflügel 78
Honigmelone, pikant eingelegt 79
Melonen-Sahne-Dessert 79

InhaltsVERZEICHNIS

Weizen **80**
Korn für den König 80
Weizen – eine hochkarätige Frucht 81
Weizenkeimlinge – besonders wertvoll ... 81

Weizenrezepte **82**
Gebackene Spiegeleier im Brotbett 83
Weizensprossen-Fenchel-Salat 83
Vollkorn-Lauch-Torte 84
Gefüllte Teigtaschen 85
Tomaten mit
Käse-Weizensprossen-Füllung 85
Frühlingssalat Tabulé 87
Ägyptischer Brotsalat 87

Zwiebel, Lauch, Knoblauch **88**
Allgemeines 88
Die Tausendsassas – Knoblauch & Co 89

Zwiebel-, Lauch-, Knoblauchrezepte **90**
Zwiebelsalat mit Äpfeln 90
Zwiebelsuppe, pikant 90
Marinierter Käse mit Zwiebeln 91
Lauchsuppe mit Weizenschrot 91
Frühlingszwiebeldip mit Quark 92
Zwiebelkuchen 93
Eier-Lauch-Salat 93
Lauch-Mais-Salat 94
Knoblauch-Petersilie-Dip 95
Knoblauchbutter mit Dill 95
Knoblauchbaguette 96
Knoblauch-Würzöl 96
Camembert in Knoblauchöl 97
Knoblauch, pikant eingelegt 97

Gesundheitstipps **97**
Knoblauchelixier 98
Zwiebelwein 98
Zwiebelsirup 98

Biblische Würz- und Heilpflanzen 99

Dill **100**
Allgemeines 100
Dill – reich an Wirkstoff 101
Dill – zart und aromatisch 101

Dillrezepte **102**
Dill-Gurken-Kaltschale 102
Dill-Essig 102
Zucchini, süßsauer eingelegt 103
Sprossensalat mit
Dill und Radieschen 103
Tomaten mit
Seezunge in Dillsoße 105

Koriander **106**
Koriander – lieblich wie
„Himmelsbrot Manna“ 106
Koriander – gut gegen Bauchweh 106

Korianderrezepte **107**
Korianderfladenbrot 107
Korianderlikör 107
Hähnchentopf mit Koriander 109

Kreuzkümmel **110**

Kreuzkümmel – Gewürz aus dem Fernen Osten 110

Kreuzkümmel wärmt von innen 111

Kreuzkümmelrezepte **112**

Orangensalat mit Kreuzkümmel und Oliven 113

Joghurt-Mix mit Kreuzkümmel 113

Bulgursuppe mit Kreuzkümmel 114

Käsestangen mit Curry und Kreuzkümmel 115

Minze **116**

Allgemeines 116

Minze erfrischt 117

Minze als Gewürz 117

Minzerezepte **118**

Lammkoteletts mit Minzebutter 118

Minze-Sahne-Dessert 118

Minze-Apfel-Chutney 119

Minze-Melissen-Likör 119

Minzesprossen, in Weinteig gebacken . . 121

Echter Schwarzkümmel **122**

Kleines Samenkorn, große Wirkung . . . 122

Schwarzkümmel – „Pfeffer des Orients“ 123

Schwarzkümmelrezepte **124**

Mitternachtssalat „Fisch unter dem Pelz“ 125

Ägyptische Selleriecremesuppe 126

Käsebrötchen mit Schwarzkümmel 127

Schwarzer Senf **128**

Gleichnis vom Senfkorn 128

Senf – scharf und gesund 129

Senfspezialitäten, selbst gemacht **129**

Feiner Kräutersenf (Blitzrezept) 129

Grundrezept mittelscharfer bis scharfer Senf 130

Senfrezepte **131**

Fisch-Gemüse-Pfanne mit Senfsoße . . . 131

Eier in Senf-Sahne-Creme 133

Pikante Senfbutter 133

Allerlei Spezereien für Genießer 134

Spezereien von aromatisch süße bis würzig pikante Rezepte . . . **135**

Früchte-Lebkuchen 135

Schafskäse mariniert und eingelegt 135

Heiße Rote Weinsuppe mit Zimtsahne 137

Orientalisches Omelett 137

Biblisches Würzöl 139

Pfirsichchutney 139

Würzmischung, selbst gemacht 140

Marinierter Weinessig 141

Dank 142

Von Datteln, Mandeln und Melonen – köstliche Früchte aus dem „Gelobten Land"

Pflanzen und Früchte haben in der Bibel einen hohen Stellenwert. Sowohl bei Festen, religiösen Ritualen, als auch in den Geboten spielen sie eine große Rolle.
Die Früchte der Bäume galten als Symbol der Schönheit, des Wohlstands und des Friedens. In Liedern und Gedichten pries man ihre Eigenschaften, und schon im Ersten Buch der Heiligen Schrift wird im Schöpfungsbericht in besonderer Weise auf die Pflanzen eingegangen:

„Und Gott sprach: Sehet da, ich habe euch gegeben alle Pflanzen, die Samen bringen, auf der ganzen Erde, und alle Bäume mit Früchten, die Samen bringen, zu eurer Speise."
(1. Mose 1,29)

Die „sieben Arten" im „Gelobten Land"

Getreide und Früchte sind die wichtigsten Grundnahrungsmittel und Voraussetzung für das menschliche Überleben. Vierzig Jahre wanderte das Volk Israel mit Mose durch die Wüste auf der Suche nach dem „Gelobten Land", viel Entbehrung und Not mussten sie dabei leiden. Im fruchtbaren Zweistromland zwischen Euphrat und Tigris fanden sie später alles, was der Mensch zum Leben braucht, vor allem ausreichend Wasser für einen erfolgreichen Ackerbau. Hier ist das Ursprungsland der „sieben Arten", dazu zählten Weizen, Gerste, Feigen, Datteln, Granatäpfel, Oliven und Wein.

Die „sieben Arten" sicherten die Lebensgrundlage und galten als Ausdruck des Segen Gottes. Die Überschüsse guter Getreide- und Obsternten konnten für Notzeiten eingelagert werden. Feigen, Datteln und Trauben wurden getrocknet, Oliven eingelegt oder zur Ölgewinnung verwendet. Edle Produkte wie Wein aus Trauben und Granatäpfeln, süße Mandeln, Pistazien und Nüsse reichte man vor allem an den königlichen Höfen zum Festmahl. Die reichen Menschen konnten sich auch Weizen leisten, die Gerste hingegen galt als „Brot der Armen".

Einleitung

Der biblische Gemüsegarten

Der Gemüsegarten in biblischer Zeit war sehr einfach und übersichtlich. Die Gartenpflanzen lassen sich in vier Gruppen aufteilen:

1. **Zwiebelgewächse:** Lauch, Knoblauch, Zwiebeln
2. **Hülsenfrüchte:** Kichererbsen, Linsen, Saubohnen
3. **Kürbisgewächse:** Wassermelonen, Zuckermelonen, Flaschenkürbisse
4. **Kräuter und Gewürze:** Dill, Koriander, Kreuzkümmel, Schwarzkümmel, Minze, Majoran, Senf

Wilde Kräuter und „Bitterkräuter"

Als Nahrung nutzten die Menschen auch die wilde Vegetation, so wurden essbare Pflanzen, „Gras aus dem Felde", von den Bauern gesammelt und in der eigenen Küche verwendet oder auf dem Markt verkauft. Welche Kräuter man sammelte, hing vom jeweiligen Ort und den Gegebenheiten ab.

Eine besondere Bedeutung haben die „Bitterkräuter", die beim Passahfest zusammen mit dem „Passah-Lamm" und dem ungesäuerten Brot gegessen werden. Zu den „Bitterkräutern" gehören beispielsweise Löwenzahn, Zichorie (Wegwarte), Gänsedistel, Mannstreu, Meerrettich und verschiedene Latticharten.

Biblische
Obst- und Baumfrüchte

„Und an dem Strom werden an seinem Ufer auf beiden Seiten allerlei fruchtbare Bäume wachsen; und ihre Blätter werden nicht verwelken, und mit ihren Früchten hat es kein Ende ... Ihre Früchte werden zur Speise dienen und ihre Blätter zur Arznei.“ (Hesekiel 47,12)

Zitat

Dattelpalme

„Der Gerechte gedeiht wie die Palme, er wächst wie die Zedern des Libanon. Gepflanzt im Haus des Herrn, gedeihen sie in den Vorhöfen unseres Gottes. Sie tragen Frucht noch im Alter und bleiben voll Saft und Frische." (Psalm 92,13–15)

Zitat

Dattelpalme *(Phoenix dactylifera)*

Allgemeines

Die Dattelpalme gehört zu den ältesten Obstbäumen im Heiligen Land. Die erste Ernte liefert der Baum, wenn er 5–6 Jahre alt ist. Der Ertrag steigert sich immer mehr, und auch über 100-jährige Bäume liefern noch große Fruchtmengen.

Die Dattelpalme ist nicht nur als nahrungsspendende Pflanze wichtig, sie hat auch als kulturgeschichtliche Pflanze eine große Bedeutung. In der Dichtung ist der hochgewachsene Stamm der Dattelpalme Symbol für Aufrichtigkeit, Gerechtigkeit und Rechtschaffenheit. So saß die Richterin und Prophetin Debora, unter einer Dattelpalme, um Recht zu sprechen (Richter 4, 4–5).

Datteln – süßes Brot der Wüste

Die Dattelpalme ist eine Oasenpflanze, sie wächst an Flüssen und Oasen und gedeiht auch auf salzhaltigem Boden.

Dattelbäume wollen „mit dem Kopf im Feuer der Sonne und mit dem Fuß im Wasser" stehen. Sie schaffen es, mit ihren Wurzeln das Grundwasser zu erreichen und sind somit „Zeigerpflanzen" für Wasser in der Wüste.

Datteln galten in den kargen Wüstenregionen als wichtiges Grundnahrungsmittel, denn sie sind sehr nahrhaft, und ihr Saft ist erfrischend. Aus den Früchten bereitet man Dattel- oder Wüstenbrot und stellt einen köstlichen Sirup her, der auch als Dattelhonig bezeichnet wird.

***Gesundheitstipp:** Fünf Datteln kurz vor dem Zubettgehen essen, fördert den Schlaf. Araber und Beduinen verwenden Datteln schon lange als natürliches Einschlafmittel.*

Datteln – nahrhaft und gesund

Getrocknete Datteln weisen einen hohen, leicht verdaulichen Zuckergehalt von 60–70% auf, ihre wertvollen Ballaststoffe wirken verdauungsfördernd. Datteln sind reich an Vitamin B5, dieses regt den Energiestoffwechsel im Körper an und fördert geistige Frische und Konzentration.

Die Früchte enthalten den Eiweißstoff Tryptophan, diese Aminosäure wird im Körper zum Nervenbotenstoff Serotonin und zum Schlafhormon Melatonin umgebaut.

Datteln für Naschkatzen und Feinschmecker

Datteln enthalten die Süße des Orients. Die brennende Wüstensonne verleiht den Früchten ihre besondere Intensität.

Frische Datteln bereichern unser winterliches Obstangebot, sie sind prall und glänzend und werden oft mitsamt den Fruchtstielen angeboten.

Meistens findet man getrocknete Datteln im Handel. Neben den runzeligen Naturdatteln gibt es auch pasteurisierte Datteln, ihre Schale ist glatt und glänzend.

Die Dattelfrucht ist in Maßen genossen ideal für „süße Naschkatzen". Als Fingerfood mit Marzipan gefüllt und in Kuvertüre getaucht ist sie die Krönung der Weihnachtsbäckerei.

Dattelrezepte

Dattel-Konfekt

Zutaten:
40 getrocknete Datteln
150 g Marzipan-Rohmasse
75g Puderzucker
1–2 EL Weinbrand
100 g dunkle Schokoladen-Kuvertüre

Zubereitung:
① Die Datteln längs aufschneiden, den Kern entfernen.
② Die Marzipan-Rohmasse mit dem gesiebten Puderzucker und dem Weinbrand geschmeidig kneten.
③ Die Datteln mit Marzipan füllen und leicht zusammendrücken.
④ Die Kuvertüre grob hacken und im heißen Wasserbad auflösen.
⑤ Die gefüllten Datteln bis zur Hälfte in die Kuvertüre eintauchen und trocknen lassen, dabei mit der unglasierten Seite in ein Kuchengitter setzen.

***Tipp:** Konfekt in kleinen Papiermanschetten anrichten und zum Tee reichen. Gefüllte Datteln eignen sich auch als Mitbringsel und Geschenk. Dazu schön verpacken in einem hübschen Glas oder einer Spanschachtel.*

Dattelmakronen

Rezept ergibt 40–50 Stück

Zutaten:
400 g Datteln
500 g Haferflocken
4 Eier
250 g Butter
200 g Zucker
2 TL Rum
2 Pck. Vanillezucker
1 Pck. Backpulver

Zubereitung:
① Butter im Topf erhitzen, die Haferflocken darin leicht anrösten und abkühlen lassen.
② Datteln entsteinen und in kleine Würfel schneiden.
③ Schaummasse rühren mit Eiern, Zucker und Rum.
④ Vanillezucker mit Backpulver mischen und Haferflocken dazugeben.
⑤ Den Teig gut vermengen, ein Backblech fetten und den Ofen vorheizen.
⑥ Mit 2 Teelöffeln kleine Häufchen der Dattelmasse auf das Blech setzen.
⑦ Im vorgeheizten Ofen 12–15 Min backen Umluft 170°, Ober- und Unterhitze 180°.
⑦ Das Gebäck abkühlen lassen und in einer Blechdose aufbewahren.

Dattel-Apfel-Kuchen

Zutaten:
250 g Weizenmehl
(Type 1050)
180g Butter
100 g Zucker
1 Ei
Salz

Für den Belag:
4 Äpfel
200 g getrocknete Datteln
250 g Magerquark
2 Eier
2 EL Honig
1 Pck. Vanillezucker
2 cl Orangenlikör

Zubereitung des Teigs:

① Butter schaumig rühren, Ei und Zucker und eine Prise Salz dazugeben, weiterrühren.
② Das Mehl sieben und in die Schaummasse geben.
③ Alles zu einem glatten Teig verkneten.
④ Teig mindestens ½ Std. im Kühlschrank ruhen lassen.

Zubereitung des Belags:

① Die Datteln entsteinen, klein schneiden und in 4 EL Wasser 10–15 Minuten andünsten.
② Äpfel waschen, schälen, in Spalten schneiden und mit den Datteln gar dünsten.
③ Den Topf vom Herd nehmen, Orangenlikör zum gedünsteten Obst geben und abkühlen lassen.
④ Aus Quark, Vanillezucker, Eiern und Honig eine Creme rühren.
⑤ Den Backofen auf 180°C vorheizen.
⑥ Springform einfetten und bemehlen.
⑦ Den Teig ausrollen, in die Form legen, Teig am Rand hochdrücken.
⑧ Die Hälfte der Quarkmasse auf den Teigboden verstreichen.
⑨ Äpfel-Dattel-Mischung darauf verteilen.
⑩ Mit der restlichen Quarkmasse abdecken.
⑪ Auf mittlerer Schiene bei 180° C circa 50 Minuten backen.

Tipp: Je nach Geschmack mit süßer oder ungesüßter Schlagsahne je nach Geschmack servieren.

Zutaten:
4 mittelgroße Äpfel
2 Apfelsinen
100 g getrocknete Datteln
Saft von 1–2 Zitronen
1 Tasse Vollmilchjoghurt
1 Becher Schlagsahne zum Garnieren
Zucker
gemahlener Zimt und Anis zum Abschmecken

***Tipp:** Falls frische Datteln im Handel erhältlich sind, sollten diese verwendet werden.*

Obstsalat im goldenen Mantel

Zubereitung:

① Äpfel waschen, schälen, klein schneiden und mit etwas Zitronensaft beträufeln.
② Orangen waschen und halbieren.
③ Fruchtfleisch herausnehmen (halbierte Schalen aufheben).
④ Das Fruchtfleisch klein schneiden und mit Äpfeln mischen.
⑤ Datteln entkernen, fein schneiden, mit Äpfeln und Orangen mischen.
⑥ Joghurt mit Zucker, Zimt und Anis mischen und mit dem restlichen Zitronensaft abschmecken, über den Obstsalat gießen.
⑦ Alles gut mischen, noch mal abschmecken.
⑧ Zugedeckt im Kühlschrank durchziehen lassen.
⑨ Den Obstsalat in die vier Orangenhälften füllen, auf Glastellern anrichten und mit Schlagsahne garnieren.

Flambierte Bratäpfel mit Dattel-Ingwer-Füllung

Zutaten:
4 große Äpfel (herb-säuerlich)
5 getrocknete Datteln
4 kandierte Ingwerstücke
2–3 TL Zitronensaft
4 Gläschen Weinbrand
2 EL Butter
2 EL Zucker

Zubereitung:
① Äpfel waschen, abtrocknen und Kerngehäuse ausstechen.
② Mit Zitronensaft beträufeln.
③ Datteln entsteinen.
④ Ingwer und Datteln fein hacken und mit Zucker, Butter und restlichem Zitronensaft verkneten.
⑤ Äpfel damit füllen.
⑥ Im vorgeheizten Backofen bei 200° auf mittlerer Schiene 15–20 Min braten.
⑦ Aus dem Backofen nehmen und sofort servieren. Die heißen Äpfel mit Weinbrand begießen und flambieren.

***Tipp:** Schlagsahne oder Vanillesoße süßen die Bratäpfel zusätzlich.*

Dattelcreme

Zutaten:
150 g getrocknete Datteln
100 g gehackte Mandeln
100 g Doppelrahm-Frischkäse
1 Becher saure Sahne
1 EL Honig, Saft einer Zitrone
einige Blättchen frische Pfefferminze

Zubereitung:
① Datteln entkernen und fein hacken.
② Mandeln in einer Pfanne ohne Fett goldgelb anrösten und abkühlen lassen.
③ Frischkäse, saure Sahne, Honig und Zitronensaft cremig rühren.
④ Geröstete Mandeln und gehackte Datteln unterheben.
⑤ Im Kühlschrank kalt stellen.
⑥ Dessert in Schälchen anrichten, mit Pfefferminzblättchen garnieren.

„Die Frau sah den Baum an: Er war prächtig, seine Früchte sahen verlockend aus, und man sollte auch noch klug davon werden! Sie pflückte eine Frucht, biss davon ab und gab sie ihrem Mann, und auch er aß davon. Da gingen den beiden die Augen auf, und es wurde ihnen bewusst, dass sie nackt waren. Deshalb flocht sich jeder aus Feigenblättern einen Lendenschurz." (1. Mose 3, 6–7)

Der Echte Feigenbaum *(Ficus carica)*

Feigenbaum im Paradies

In der Geschichte von der Vertreibung aus dem Paradies wird der Feigenbaum in der Bibel als erste Pflanze mit Namen genannt. Adam und Eva bedeckten vor Scham ihre Blöße mit Feigenblättern, heißt es, nachdem sie verbotenerweise eine Frucht vom „Baum der Erkenntnis" gegessen hatten. Der Feigenbaum galt als Symbol für Frieden und Gerechtigkeit und wird in diesem Zusammenhang mit dem Weinstock erwähnt:

„Dann schmieden sie aus ihren Schwertern Pflugscharen und aus ihren Lanzen Winzermesser. Kein Volk wird mehr das andere angreifen, und niemand rüstet sich noch für den Krieg. Jeder wird in Frieden bei seinen Weinstöcken und Feigenbäumen wohnen, keiner braucht sich mehr zu fürchten." (Micha 4, 3b–4)

Zitat

Der Feigenbaum ist ein idealer Schattenspender und bietet willkommenen Schutz vor der Mittagshitze. „Bei Feigenbäumen und Weinstöcken" wohnen,bedeutet gleichsam Ruhe und Zufriedenheit.

Frische Feigen – eine Delikatesse

Der Echte Feigenbaum (Ficus carica) wird wegen der gut schmeckenden Früchte erwerbsmäßig angebaut. Die Feige ist eine Scheinfrucht, ihre eigentlichen Früchte sind die winzigen Nüsschen, die in das rötliche Fruchtfleisch eingebettet sind. Die äußere Schale der frischen Feige verfärbt sich mit zunehmender Reife von Grün nach Violett. Frische Feigen sollte man im Kühlschrank aufbewahren und bald verzehren. Sie sind eine besondere Delikatesse. Feigen eignen sich für Vorspeisen, süße Desserts und zum Einlegen für den Vorrat und passen gut zu Käse, Bratenaufschnitt und zartem Schinken.

Die Früchte sind kalorienarm (60 Kcal/100 g) aber reich an Kalium. Getrocknete Feigen sind süß, gut zu lagern und echte Kraftspender! (243 Kcal/100 g). Sie werden hauptsächlich in der Weihnachtsbäckerei für Früchtebrote, Kuchen und andere Gebäckarten verwendet.

***Tipp:** 1–2 getrocknete Feigen dämpfen Heißhunger auf Süßes, sind schnelle Energiespender und eignen sich zur Stärkung langen Autofahrten oder bei sportlicher Betätigung!*

Feigenrezepte

Zutaten:
1 kg Äpfel
3 frische Feigen
400 g brauner Zucker
1 Stck. frische Ingwerwurzel (ca. 4cm)
50 g gemahlene Mandeln
1 TL Senfkörner
0,25 L Apfelessig
1 TL Salz

Feigen-Apfel-Chutney

Zubereitung:
① Äpfel waschen, schälen und vierteln.
② Das Kerngehäuse entfernen, und die Äpfel in kleine Würfel schneiden.
③ Ingwerwurzel schälen, in kleine Stücke schneiden.
④ Äpfel, Zucker, Apfelessig und Ingwer in einen Topf geben.
⑤ Senfkörner und Salz unterrühren, alles zum Kochen bringen und 15 Minuten dünsten.
⑥ Feigen waschen, Haut abziehen und in kleine Würfel schneiden.
⑦ Feigen in den Topf geben und das Chutney weitere 10 Minuten einkochen lassen.
⑧ Abschmecken mit Salz, Zucker und Apfelessig.
⑨ Heiß in Twist-off-Gläser füllen, gut verschließen.

***Tipp:** Das Chutney schmeckt gut als Beilage zu Fleisch, Gegrilltem, Käse, aber auch als pikanter Brotaufstrich!*

Zutaten:
4–5 frische Feigen
0,75 L Weinbrand
150 g weißen Kandis
1 ungespritzte Zitrone
1 Vanilleschote

Feigenlikör

Zubereitung:
① Feigen waschen, abtupfen.
② Zitrone waschen, abtrocknen und schälen.
③ Feigen, Zitronenschale, Vanilleschote und Kandis in eine Weithalsflasche geben und mit Weinbrand bedecken.
④ Gefäß gut verschließen und 4 Wochen an einen warmen Platz stellen.
⑤ Likör absieben und in eine formschöne Flasche füllen.

Feigen-Vollkorn-Gebäck

Energieproviant

Zutaten:
200 g Weizenvollkornmehl
150 g getrocknete Feigen
50 g ungeschwefelte Rosinen
100 g gemahlene Mandeln
1–2 EL Rübensirup oder Honig
1 EL Öl
1 Prise Salz
1 Prise Kardamom
abgeriebene Schale einer ungespritzten Zitrone
30 Stck. ganze geschälte Mandeln zum Garnieren

Zubereitung:

① Feigen und Rosinen mit lauwarmem Wasser bedecken, 12 Std. einweichen.
② Die eingeweichten Früchte absieben, Einweichwasser aufheben.
③ Früchte fein hacken oder im Mixer pürieren.
④ Mehl mit allen Zutaten (außer ganzen Mandeln) mit circa 1/8 L Einweichwasser zu einem festen Teig kneten.
⑤ Blech einfetten.
⑥ Mit feuchten Händen walnussgroße Kugeln auf das Blech setzen.
⑦ Die Kugeln mit einem Löffel leicht flach drücken.
⑧ Der Länge nach halbierte Mandel in die Mitte setzen und andrücken.
⑨ Im vorgeheizten Backofen bei 150° C 20 Minuten backen.
⑩ Gebäck abkühlen lassen und in eine Dose füllen.

Tipp: *Geeignet als „Energieproviant" für Schule, Wanderungen oder lange Autofahrten.*

Feigen-Pflaumen-Torte

Für den Teig:
250 g Weizenmehl (Type 1050)
130 g Butter
1 Ei
1 EL Honig
1–2 EL Milch

Für den Belag:
300 g getrocknete Feigen
400 g getrocknete Pflaumen
50 g gehackte Mandeln
1 Becher (150 g) Schmand
Saft einer Zitrone
½ TL Zimt
½ TL Kardamom

Zum Bestreichen:
1 Eigelb

Zubereitung des Teigs:
① Alle Zutaten vorher kalt stellen.
② Mehl in eine Schüssel sieben.
③ Kalte Butter in das Mehl schneiden.
④ Masse mit kalten Händen abbröseln.
⑤ Kuhle in die Mitte der Mehl-Butter-Mischung bilden.
⑥ Ei, Honig und Milch hineingeben, mit einer Gabel leicht untermengen.
⑦ Rasch zu einem Teig zusammenkneten.
⑧ Teig kalt stellen.
⑨ Zwei Drittel des Teigs ausrollen.
⑩ Mit dem Springformrand den Boden ausstechen.
⑪ 2–3 cm breiten Streifen ausrollen für den Rand, restlichen Teig aufheben.
⑫ Teigboden und Rand in die Springform legen, Rand festdrücken.
⑬ Boden mit der Gabel einige Male einstechen, um Blasenbildung zu vermeiden.

Zubereitung der Füllung:
① Feigen und Pflaumen hacken, dann im Mixer pürieren.
② Mandeln, Schmand, Zitronensaft, Zimt und Kardamom dazugeben, zu einer glatten Masse verrühren.
③ Fruchtmasse auf den Teigboden streichen.
④ Restlichen Teig ausrollen, 1,5 cm breite Streifen ausradeln. Streifen als Gitter über die Füllung legen.
⑤ Streifen mit Eigelb bestreichen. Im vorgeheizten Ofen 45 Minuten backen (Ober- und Unterhitze 200° C, Umluft 180° C).

***Tipp:** Die Torte schmeckt besonders gut, wenn sie mindestens einen Tag in Alufolie eingepackt aufgehoben wird. Sie zieht gut durch und schmeckt sehr aromatisch.*

Granatapfelbaum

„Preisen will ich deine Schönheit, du bist lieblich, meine Freundin! ... Wie ein scharlachrotes Band ziehn sich deine feinen Lippen. Wangen hinterm Schleier schimmern rötlich wie die Scheibe eines Apfels vom Granatbaum." (Hohelied 4, 1 ... 3)

Zitat

Granatapfelbaum

(Punica granatum)

Granatapfel – Symbol der Fruchtbarkeit

Der Granatapfelbaum mit seinen schönen Früchten und den leuchtend roten Blüten ist der „Star" unter den biblischen Bäumen. Im Hohelied Salomos, dem „erotischen Buch der Bibel", wird dem Granatapfel in einer eindrucksvollen Bildsprache gehuldigt. Seine Beschaffenheit wird mit der Schönheit einer Frau verglichen. Die samenreiche Frucht galt im Orient als Symbol der Fruchtbarkeit und versinnbildlicht Lebensfülle und die Hoffnung auf zahlreichen Nachwuchs. Sein köstlicher roter Saft ist der Nektar der Liebenden, und der Duft der schönen Blüten ist der Innbegriff des erwachenden Frühlings.

Granatapfel – schützt Körperzellen

Der Granatapfel hat eine dickledrige, verholzte Schale. Im Inneren ist die Frucht durch dünne Wände in Kammern unterteilt. In diesen Kammern befinden sich viele Samen, die vom säuerlichen, sehr saftreichen roten Fruchtfleisch umgeben sind.
Granatäpfel enthalten viele wertvolle Inhaltsstoffe, beispielsweise Betacarotin, Vitamin B1, B2, Kalzium, Phosphor und Magnesium, darüber hinaus wichtige bioaktive Substanzen, wie beispielsweise Polyphenole, die menschlichen Körperzellen antioxidativen Schutz bieten.

Tipp: *Vorsicht beim Umgang mit Granatapfelsaft, Spritzer hinterlassen Flecken in der Kleidung! Frische Obstflecken auf Stoff sofort mit kochendem Wasser überbrühen!*

Verarbeitung frischer Früchte

Schneidet man die Schale rundherum in der Mitte ein, kann man die Frucht vorsichtig mit beiden Händen auseinanderbrechen und die Samen mit dem Fruchtfleisch herauslöffeln, entweder pur genoßen oder für Speisen verwendet wird. Soll nur der Saft gewonnen werden, rollt man den Granatapfel auf dem Tisch, bis Knackgeräusche zu hören sind. Dann die Frucht in der Mitte durchschneiden und wie eine Zitrone auspressen.

Der frische Granatapfelsaft wird hauptsächlich für Gelees, Süßspeisen und Cocktails verwendet. In der orientalischen Küche wird der Granatapfel auch gern als Beilage zu Fleisch und Fisch genommen. Granatäpfel gibt es bei uns im gut sortierten Fruchthandel zu kaufen. Kühl gelagert bleiben sie mehrere Wochen haltbar. Der Granatapfelsirup (Grenadine-Sirup) ist in Feinkostabteilungen von Supermärkten oder im Reformhaus erhältlich.

Granatapfelrezepte

Obstsalat mit Granatapfel und Feigen

Zutaten:
1 Granatapfel
200 g frische oder getrocknete Feigen
2 Orangen
4 Äpfel
50 g Sultaninen
Saft von einer Zitrone
Saft von 2 Orangen
1–2 EL Honig
100 g Mandelplättchen

Zubereitung:
① Äpfel waschen, schälen, Kerngehäuse entfernen, in kleine Würfel schneiden.
② Orangen schälen, spalten, in Stücke schneiden.
③ Feigen ebenfalls zerkleinern.
④ Früchte in eine Schüssel geben.
⑤ Sultaninen waschen und dazugeben.
⑥ Alles mit Zitronensaft beträufeln, mischen.
⑦ Honig mit Orangensaft verrühren und zum Obstsalat geben.
⑧ Zugedeckt ziehen lassen.
⑨ Granatapfel halbieren, die Kerne herauskratzen, zum Obstsalat geben, mischen, durchziehen lassen, zugedeckt kühl stellen.
⑩ Den Obstsalat in Glasschale anrichten.
⑪ Mandelplättchen in einer Pfanne trocken anrösten und warm über den Fruchtsalat streuen.

Tipp: *Der Salat ist sehr aromatisch und erfrischend, wer möchte, kann ihn auch mit Sahnetupfer servieren.*

Feldsalat mit Granatapfel

Vorspeise

Zutaten:
250 g Feldsalat
1 Granatapfel
Saft von 1–2 Zitronen
2 EL Sesamkörner
2–3 EL kalt gepresstes Öl
Salz
Pfeffer aus der Mühle
1 Prise Zucker

Zubereitung:
① Feldsalat putzen, gründlich waschen, abtropfen lassen.
② Granatapfel halbieren, Kerne herauslösen.
③ Zitrone auspressen.
④ Marinade herstellen aus Zitronensaft, Salz, Pfeffer, Öl und Zucker.
⑤ Feldsalat in eine Schüssel geben und mit Marinade mischen.
⑥ Salat abschmecken, evtl. nachwürzen.
⑦ Sesamkörner in trockener Pfanne ohne Fett goldgelb rösten.
⑧ Salat mit Granatapfelkernen mischen und mit Sesam garnieren.

Granatapfel-Müsli

2 Portionen

Zutaten:
4–5 EL kernige Haferflocken
1 Apfelsine
2 Naturjoghurt (3,5%) à 150 g
2 EL Honig
4 EL ungeschwefelte Rosinen
4 EL Granatapfelkerne
8 Walnusshälften

Zubereitung:
① Apfelsine schälen und in kleine Stücke schneiden.
② Rosinen heiß überbrausen, abtropfen lassen und mit den Apfelsinenstücken in einer Schüssel mischen.
③ Joghurt mit Honig verrühren, über das Obst geben.
④ Haferflocken untermischen.
⑤ Nach Bedarf mit Honig abschmecken.
⑥ In Müslischalen anrichten.
⑦ Mit Granatapfelkernen und Walnusshälften garnieren.

Grenadine-Grapefruit-Longdrink

2 Portionen · Muntermacher

Zutaten:
Saft einer Grapefruit
Saft einer Orange
2–3 TL Grenadine-Sirup (Granatapfelsirup)
Soda- oder Mineralwasser

Zubereitung:
① Grapefruitsaft und Orangensaft mit Grenadine-Sirup gut verrühren.
② 15–20 Minuten in die Kühluhe stellen.
③ Mit Soda- oder Mineralwasser im Limonadenglas servieren.

Deko-Vorschlag für das Glas: *Glasrand mit Orangensaft oder Grapefruitsaft leicht anfeuchten. Kristallzucker auf eine Untertasse streuen. Das Glas mit der Öffnung nach unten auf den Zucker stellen und antrocknen lassen.*

Granatapfellikör

Zutaten:
2 Granatäpfel
1 ungespritzte Zitrone
1 Flasche (0,75 l)
„Klarer" 38%
150–200 g weißer Kandis

Zubereitung:

① Harte Schale der Granatäpfel rundherum in der Mitte gleichmäßig einschneiden und Frucht mit den Händen in zwei Hälften brechen.
② Samen vorsichtig mit Gabel oder kl. Löffel herauskratzen.
③ Zitrone heiß waschen, in Scheiben schneiden.
④ Granatapfelsamen in eine große saubere Weithalsflasche mit Schraubverschluss geben, abwechselnd mit Kandis schichten.
⑤ Zitronenscheiben dazugeben.
⑥ Mit „Klarem" begießen, alles muss bedeckt sein.
⑦ Den Deckel auf die Flasche schrauben.
⑧ Ansatz 3 Wochen auf die warme Fensterbank stellen.
⑨ Tägl. 1–2-mal schütteln.
⑩ Nach 3 Wochen abfiltern, in dekorative Flaschen abfüllen, kühl und dunkel stellen.

Tipp: *Die Flasche sollte nicht randvoll gefüllt sein, sonst kann man nicht schütteln. Besser: die Menge auf zwei Schraubflaschen verteilen.*

Jakob erwiderte: "Bringt dem Ägypter als Geschenk etwas von den Schätzen unseres Landes: Honig, Pistaziennüsse, Mandeln und dazu die kostbaren Harze Mastix, Tragakant und Ladanum." (1. Mose 43,11)

Zitat

Mandelbaum (*Prunus dulcis*)

Königliches Gastgeschenk

Die Hungersnot der „sieben mageren Jahre" lastete schwer auf dem Volk Israel. Darum schickte Jakob seine Söhne zum zweiten Mal zum Hof des ägyptischen Pharaos, um Getreide zu kaufen. Dort regierte sein tot geglaubter Sohn Josef inkognito als rechte Hand des damaligen Pharaos. Vater Jakob gab den Söhnen auch von den besten „Schätzen seines Landes" mit, und dazu zählten neben den kostbaren Harzen auch Pistaziennüsse und Mandeln, was darauf hindeutet, dass diese Früchte damals besonders wertvoll waren.

Pistazien werden in der Bibel nur einmal erwähnt, nur hier, bei der Aufzählung der Geschenke. Der Mandelbaum findet hingegen stärkere Beachtung, er ist eine Augenweide, wenn er in voller Blüte steht. Schon ab Februar fängt er an zu blühen und kündigt den Beginn des Frühlings in Israel an.

Mandeln – gehaltvoll und süß

Schon in frühester Zeit haben die Menschen entdeckt, dass die Früchte des Mandelbaumes in ihrer Schale einen wohlschmeckenden und nahrhaften Kern bergen. Neben der Süßmandel (kultivierte Form) gibt es auch noch Wildsorten, die bitter und ungenießbar sind und deren Kern giftige Blausäure enthält. Bei der Süßmandel unterscheidet man zwischen der Steinmandel, die eine steinharte Schale hat und bereits nach der Ernte geknackt wird, und der Krachmandel, die eine poröse Schale hat und leicht aufzubrechen ist. Krachmandeln werden vor allem in der Weihnachtszeit angeboten.

Mandeln sind wichtig für die Vollwerternährung, sie sind reich an essenziellen Fettsäuren, außerdem liefern sie wertvolle Vitamine, beispielsweise Vitamin A, Vitamin E und Vitamine der B-Gruppe, und enthalten wichtige Mineralstoffe, vor allem Kalzium, Magnesium, Eisen und Phosphor. Mandeln unterstützen die Sehkraft und das Nervensystem. Sie sind aber auch „Kalorienbomben", 100 g/589 kcal. In der Küche verwendet man sie für Süßspeisen, Gebäck, Müsli, Fruchtsalat, Aufläufe, süße und salzige Getreidegerichte.

Mandelöl für die Schönheit

Süßes Mandelöl hat viele gute Eigenschaften, es pflegt und nährt die Haut, zieht gut ein und eignet sich für jeden Hauttyp, von der Babyhaut bis zur Altershaut.

Schon die Ägypterinnen und Römerinnen nutzten Mandelöl für die Schönheitspflege. Mandelöl ist ein sehr gutes Basisöl für Massagen, denn es lässt sich hervorragendes mit ätherischen Ölen verschütteln. Aus Mandelöl können Pflegepräparate selbst hergestellt werden. Für diese Rezepturen wird nur bestes süßes Mandelöl genommen, das in Apotheken und Reformhäusern erhältlich ist, das Gleiche gilt auch für die ätherischen Öle. Mandelöl gemischt mit Kleie ergibt ein sanftes, natürliches Hautreinigungsmittel, das auch als Fertigprodukt angeboten wird.

Rezept für Massageöl
(durchblutungsfördernd und entspannend)

Zutaten:
100ml Mandelöl
(Apotheke)
dazu folgende
ätherische Öle:
8 Tropfen Wacholder
8 Tropfen Zitrone
6 Tropfen Birke
4 Tropfen Rosmarin
8 Tropfen Wiesenkönigin
(Mädesüß)

Alles in eine Flasche geben und gut verschütteln. In eine dunkle Flasche füllen, dann hält es sich mehrere Wochen.

Mandelrezepte

Apfeltorte mit Mandelhaube

Zubereitung:

① Schaummasse rühren aus Butter, Eiern und Zucker.
② Vanillezucker und Rum dazugeben.
③ Mehl mit Backpulver sieben und unter die Schaummasse heben.
④ Runde Springform einfetten, mit Semmelbrösel ausstreuen.
⑤ Teig einfüllen, glatt streichen.
⑥ Äpfel schälen, halbieren und auf den Teig legen.
⑦ Auf mittlerer Schiene bei 180° C 25–30 Minuten backen.
⑧ In der Zwischenzeit Butter in einer Pfanne zerlassen.
⑨ Zucker, Mandeln, Vanillezucker und Zimt dazugeben und goldgelb rösten.
⑩ Nach 25 Minuten den Ofen vorsichtig öffnen, die Mandeln über die Äpfel geben und mit flüssiger Sahne übergießen.
⑪ Weitere 25 Minuten backen.

Zutaten für den Teig:
200 g Weizenmehl
(Type 1050)
3 frische Eier
150 g Zucker
150 g Butter oder
Margarine
1 TL Backpulver
1 Pck. Vanillezucker
1 Schuss Rum

Zutaten für den Belag:
1 ½–2 kg Äpfel
mittlere Größe (Boskop)

Zutaten für die Haube:
200 g süße Mandeln
gehobelt
1 EL Butter
2 EL brauner Zucker
1 Pck. Vanillezucker
½ TL Zimt
¼ l Sahne

Für die Form:
Semmelbrösel

Jakobs Mandelsplitter

Zubereitung:

① Die Mandelstifte in einer trockenen Pfanne goldgelb rösten.
② Abkühlen lassen.
③ Die Kuvertüre nach Gebrauchsanleitung im Wasserbad schmelzen.
④ Die Mandelstifte mit Arrak gut vermischen.
⑤ Blech mit Alufolie auslegen.
⑥ Mit zwei Teelöffeln kleine Häufchen der Schoko-Mandel-Mischung auf das ausgelegte Blech setzen.
⑦ Mehrere Stunden trocknen lassen.
⑧ In eine Dose füllen. Lagerdauer circa 4 Wochen.

Zutaten:
200 g Mandelstifte
300 g Bitterschokolade-
kuvertüre
einige Tropfen Arrak

Mandelomelett mit Aprikosencreme

Zutaten:
4 frische Eier
100 g gemahlene Mandeln
40 g Zucker
1 Pck. Vanillezucker
1 Prise Zimt
1 Prise Salz
Butter zum Ausbacken

Zutaten für den Belag:
3 EL Mandelblättchen
5 EL Aprikosenkonfitüre
150 g Schmand

Zubereitung:
① Eier trennen.
② Eigelb mit Zucker, Zimt, Vanillezucker und gemahlenen Mandeln verrühren.
③ Eiweiß mit einer Prise Salz steif schlagen.
④ Eischnee unter die Masse heben.
⑤ In einer Pfanne Butter zerlassen.
⑥ Bei geringer Hitze vier Omelettes ausbacken und warm stellen.
⑦ Mandelblättchen in der Pfanne goldgelb rösten.
⑧ Schmand mit Aprikosenkonfitüre cremig rühren.
⑨ Omelett auf vorgewärmtem Teller anrichten, mit der Aprikosencreme bestreuen und mit gerösteten Mandelblättchen garnieren.

Mandelcremesuppe mit Möhren

Zutaten:
200 g geputzte Möhren
100 g gehackte Mandeln
1 Zwiebel
1 l Hühnerbrühe
1 EL Butter
1 EL Mehl
100ml Sahne
1 Prise Kurkuma
Salz
weißer Pfeffer
1 Stängel frischer Dill

Zubereitung:
① Möhren und Zwiebel in kleine Würfel schneiden.
② Möhren, Mandeln, Zwiebel und Kurkuma in der Hühnerbrühe 15 Minuten kochen.
③ Alles im Mixer pürieren.
④ Butter in einem Topf zerlassen.
⑤ Mehl zugeben, goldgelb anrösten.
⑥ Mit der pürierten Suppe aufgießen (Vorsicht, Klümpchen! Gut rühren), zum Kochen bringen.
⑦ Sahne dazugeben und umrühren.
⑧ Mit Salz und Pfeffer abschmecken.
⑨ Dill waschen und trocken tupfen.
⑩ Vor dem Servieren die Suppe mit kleinen Dillspitzen garnieren.

Mangold-Auflauf mit Mandelkruste

Zutaten:
600 g Blattmangold
2 Zwiebeln
2 mittelgroße Möhren
1/8 L Gemüsebrühe
100 g gehackte Mandeln
50 g gestiftelte Mandeln
50 g feine Haferflocken
3–4 EL Olivenöl
1 EL Butter
Salz
Pfeffer aus der Mühle

Zum Überbacken:
150 g geraspelter Käse

Zubereitung:
① Mangold gründlich waschen, putzen, Stiele abschneiden.
② Blanchieren: Mangold portionsweise im kochenden Wasser 1 Minute aufwallen lassen.
③ Mit Schaumlöffel herausnehmen, kalt überbrausen, grob schneiden.
④ Möhren waschen, putzen und würfeln.
⑤ Zwiebeln schälen und fein würfeln.
⑥ Olivenöl erhitzen, Zwiebeln und Möhren darin andünsten, Mangold dazugeben.
⑦ Mit der Gemüsebrühe aufgießen mit Salz und Pfeffer abschmecken und anschließend 20 Minuten dünsten.
⑧ Inzwischen Butter in einer Pfanne erhitzen, gehackte Mandeln und Haferflocken goldgelb anrösten, unter das Mangoldgemüse mischen, abschmecken, in gefettete Auflaufform füllen.
⑨ Die gestiftelten Mandeln mit dem geraspelten Käse über den Auflauf streuen.
⑩ Auflauf bei 180–200°C auf mittlerer Schiene 10–12 Minuten überbacken.
⑪ Der Käse darf wegen der Nitrosaminbildung nicht gebräunt werden!

***Tipp:** Statt Mangold kann auch Blattspinat verwendet werden.*

Süßer Mandel-Honig-Auflauf

Zutaten:
250 g Sahnequark (20%)
150 g geriebene Mandeln
150 g Honig
150 g geriebener Zwieback
4 Eier
geriebene Zitronenschale

Zubereitung:
① Eier trennen, Eiklar kühl stellen.
② Eigelb mit Zucker schaumig schlagen.
③ Quark, Mandeln, Zwieback und geriebene Zitronenschale zugeben.
④ Eischnee steif schlagen und unterziehen.
⑤ Auflaufform mit Butter oder Margarine einfetten.
⑥ Im vorgeheizten Ofen bei mittlerer Hitze (180°C) 60 Minuten backen.
⑦ Auflauf mit Pistazien bestreuen und mit Fruchtkompott servieren.

Olivenbaum

Fabel von den Bäumen: „Einst kamen die Bäume zusammen, um sich einen König zu wählen. Sie sagten zum Ölbaum: Sei du unser König! Aber der Ölbaum erwiderte: Soll ich vielleicht aufhören, kostbares Öl zu spenden, mit dem Götter und Menschen geehrt werden? Soll ich über den Bäumen thronen?" (Richter 9, 8–9)

Olivenbaum *(Olea europea)*

Allgemeines

Der Olivenbaum gehört zu den ältesten Kulturpflanzen des Mittelmeerraumes und galt schon in biblischer Zeit als der wichtigste Baum. Seit Menschengedenken symbolisiert der Ölzweig Frieden und die Hoffnung auf einen Neuanfang. Der Ölbaum gedeiht nur auf trockenem, kalkhaltigem Boden und ist in seinen Ansprüchen bescheiden. Er wächst langsam und erreicht ein sehr hohes Alter, sodass Olivenhaine in Israel weit über tausend Jahre alt sein können. Die Ölbäume und ihre Früchte bildeten eine wichtige Lebensgrundlage. Das Olivenöl verwendete man als tägliche Speise und zur Salbung von Königen, Priestern und Kranken. Ferner diente das Öl als Heilmittel und zur Schönheitspflege, und es war Brennstoff für die Öllampen.

Olivenöl – das grüne Gold

Olivenöl enthält das fruchtige Aroma der Oliven, es ist dickflüssig und seine Farbe variiert von Gelb bis Dunkelgrün. Das wertvolle Pflanzenöl ist reich an ungesättigten Fettsäuren und vielseitig verwendbar für Salate, Soßen und Nudelgerichte. Es passt zu Fleisch und Fisch und eignet sich zum Einlegen von Käse, Knoblauch und Kräutern. Auch zum Braten kann es verwendet werden, wenn es nicht zu stark erhitzt wird. Olivenöl unterstützt eine gesunde Ernährung, es beugt Herz- und Kreislauferkrankungen vor, fördert die Gallensaftproduktion und damit die Fettverdauung.

Olivenöl für die Schönheit

Eine halbe Avocado pürieren, mit kalt gepresstem Olivenöl anrühren. Den Brei auf Gesicht und Dekolleté auftragen, 15 Minuten einwirken lassen und dann warm abwaschen. Diese Packung vitalisiert müde und trockene Haut und gibt einen frischen Teint.

Geschmeidige Hände:

200ml Olivenöl erwärmen, den Saft einer halben Zitrone dazugeben, die Hände darin 10 Minuten baden, öfter wiederholen. Gut für Hände und Fingernägel.

Tipp: Anstelle von Chicorée kann auch Endiviensalat verwendet werden.

Zutaten:
4 Stauden Chicorée
4 hart gekochte Eier
4 schnittfeste Tomaten
10 schwarze entsteinte Oliven

Für die Marinade:
6 schwarze entsteinte Oliven
1 EL eingelegte Kapern
2 Sardellenfilets
1 gepresste Knoblauchzehe
1–2 Zitronen
1 Bund Schnittlauch
3 EL Olivenöl

Orientalischer Salat

Zubereitung:
① Chicorée waschen, in Streifen schneiden.
② Eier schälen, in Scheiben schneiden.
③ Tomaten waschen, in Scheiben schneiden.
④ Oliven in Ringe schneiden.
⑤ Chicorée, Eier, Tomaten und Oliven in einer flachen Schale dekorativ anrichten.

Marinade zubereiten:
① Oliven, Sardellenfilets und Kapern fein hacken.
② Olivenöl, Zitronensaft und gepresste Knoblauchzehe mit Schneebesen gut verrühren.
③ Mit frisch gemahlenem Pfeffer und evtl. mit Salz gut abschmecken.
④ Die Marinade über den Salat geben.
⑤ Den Schnittlauch waschen, schneiden und über den Salat streuen.

Pikanter Olivenkäse

Zutaten:
15 grüne entsteinte Oliven
4 EL Pistazienkerne
250 g Fetakäse
3 EL frische gehackte Minzeblätter
3 EL frische gehackte Basilikumblätter
3–4 EL Naturjoghurt
1–2 EL Olivenöl
1 EL eingelegte Kapern
2 EL frisch geriebener Parmesankäse

Zubereitung:
① Oliven hacken.
② Pistazienkerne in Olivenöl in der Pfanne leicht anrösten, zur Seite stellen.
③ Fetakäse, Naturjoghurt, gehackte Kräuter und Oliven in den Mixer geben.
④ Kapern und 3 EL Pistazien dazugeben, alles cremig pürieren.
⑤ Diesen Oliven-Käse-Aufstrich kalt stellen und vor dem Servieren mit frischen Minzeblättchen und 1 EL Pistazienkernen garnieren.

Variation: *Anstelle von Pistazienkernen kann auch Sesam verwendet werden, und statt Minze und Basilikum eignet sich auch frischer Dill.*

Anregung: *Dazu passt Fladenbrot, Baguette oder Cracker. Auch Gemüsestreifen können dazu gereicht werden.*

Schafskäseaufstrich mit Knoblauch und Oliven

Zutaten:
125 g Schafkäse
2 Knoblauchzehen
2 EL Olivenöl
1 feste Tomate
5 grüne oder schwarze entsteinte Oliven

Zubereitung:
① Die Knoblauchzehen schälen und hacken.
② Die Tomate waschen, klein schneiden.
③ Oliven hacken.
④ Alle Zutaten zusammen mit dem Schafskäse und dem Olivenöl in Mixer geben und pürieren.
⑤ Kalt stellen.

Oliven-Minze-Torte mit Geflügel

Zutaten:
100 g grüne Oliven mit roter Paprikafüllung
100 g Rosinen
400 g gekochtes Geflügelfleisch, in Würfel geschnitten
50 g Zucker
6 Blatt weiße Gelatine
300 ml Weißwein
knapp 100 ml Weinessig (je nach Geschmack)
4 EL fein gehackte Minze (einige ganze Minzeblätter zum Dekorieren)
Quarkmayonnaise
Salz und Pfeffer

Zubereitung:
① Die Blattgelatine in kaltem Wasser einweichen.
② Die Oliven in Scheiben schneiden und den Boden einer Glasschüssel oder Auflaufform gleichmäßig damit bedecken.
③ Weißwein, Essig und Zucker in einen Topf geben und erwärmen, bis sich der Zucker aufgelöst hat.
④ Die eingeweichte Gelatine in die warme Flüssigkeit rühren und abkühlen lassen.
⑤ Die gehackten Minzeblätter hinzufügen.
⑥ Die Olivenscheiben mit Wein-Minze-Mischung knapp bedecken (dürfen nicht schwimmen!).
⑦ Im Kühlschrank fest werden lassen.
⑧ Die Geflügelfleischwürfel und die Rosinen in die übrige Flüssigkeit geben.
⑨ Die Form aus dem Kühlschrank nehmen, prüfen, ob die Olivenscheiben fest geliert sind.
⑩ Mit der restlichen Gelatinemasse aufgießen.
⑪ 2–3 Stunden kalt stellen, bis die ganze Gelatine fest ist.
⑫ Vor dem Anrichten die Form kurz in heißes Wasser stellen, mit dem Messer die Ränder lockern und auf eine mit Salatblättern ausgelegte Platte stürzen.
⑬ Quarkmayonnaise mit Salz und Pfeffer würzen.
⑭ Oliventorte damit garnieren und mit Minzeblättern dekorieren.

***Tipp:** Dazu kann Toast oder Fladenbrot gereicht werden. Die Oliven-Minze-Torte ist erfrischend und eignet sich auch gut für ein kaltes Büfett oder Brunch. Anstelle einer Torte können die Portionen einen als kleine Törtchen in Glasschälchen gegossen werden.*

Zutaten:
500 g Ziegenkäse
2–3 Knoblauchzehen
je ein getrocknetes Sträußchen Rosmarin und Thymian
1 Lorbeerblatt
1 TL Pfefferkörner
500ml Olivenöl

Ziegenkäse in Olivenöl eingelegt

Zubereitung:
① Den Käse in Würfel schneiden.
② Knoblauch schälen.
③ Käse, Kräuter, Knoblauch und Gewürze in ein Glas schichten.
④ Mit Olivenöl bedecken.
⑤ Glas verschließen, kühl und dunkel stellen.
⑥ Einige Tage durchziehen lassen.

***Tipp:** Nur getrocknete Kräuter verwenden, dann bleibt die Marinade länger haltbar. Anstelle von Ziegenkäse kann auch Schafskäse eingelegt werden.*

Zutaten:
200 g schwarze Oliven ohne Kern
100 g Kapern
100ml Olivenöl
4 Knoblauchzehen
Salz
Pfeffer aus der Mühle

Schwarze Olivenpaste

Zubereitung:
① Oliven hacken.
② Knoblauch schälen, grob zerkleinern.
③ Alles im Mixer fein pürieren.
④ 80ml Olivenöl dazugeben.
⑤ Mit Salz und Pfeffer abschmecken.
⑥ Paste in ein sauberes Schraubglas füllen.
⑦ Mit restlichem Olivenöl abdecken (schützt vor Keimen).
⑧ Verschließen, kühl und dunkel aufbewahren.
⑨ Schmeckt gut zu Käse, Tomaten und Fladenbrot.

Olivenbrot

Zutaten:
500 g Weizenmehl
(Type 1050)
100 g Dinkelmehl
40 g Hefe
400ml lauwarmes Wasser
5 EL Olivenöl
20 schwarze Oliven
ohne Stein
1–2 TL Salz

Zubereitung:

① Weizen- und Dinkelmehl mischen und in eine Schüssel geben.
② In die Mitte eine Mulde drücken.
③ Hefe in die Mulde bröseln, mit einer Tasse lauwarmem Wasser verrühren.
④ 10 Minuten zugedeckt aufgehen lassen.
⑤ Restliches Wasser, Olivenöl und Salz zugeben und alles zu einem glatten Teig verkneten.
⑥ Den Teig zugedeckt an einem warmen Ort so lange gehen lassen, bis sich das Volumen des Teigs verdoppelt hat.
⑦ Den Teig auf einer bemehlten Arbeitsfläche nochmals durchkneten und die Oliven einarbeiten.
⑧ Backblech leicht fetten.
⑨ Brotlaib formen und auf das Blech legen. Mit Küchentuch abdecken und nochmals 20 Minuten gehen lassen.
⑩ Inzwischen Backofen vorheizen.
⑪ Auf mittlerer Schiene circa 45 Minuten backen, die Oberfläche öfter mit Wasser bestreichen.
⑫ Elektroherd Ober- und Unterhitze 200°C // Umluft 180°.

Walnussbaum

„Ich ging hinunter in den Walnussgarten, um mich am frischen Grün des Tals zu erfreuen, des Weinstocks neue Triebe anzuschauen und auch die ersten Blüten am Granatbaum". (Hohelied 6,11)

Walnussbaum (Juglans regia)

Walnussgärten im „Gelobten Land"

Der Walnussbaum wurde schon zur Zeit Salomos in den Gärten Palästinas kultiviert. Niemand weiß, wann er da erstmalig angepflanzt wurde, denn seine ursprüngliche Heimat ist Persien und Nordindien. Walnussbäume waren sehr wichtig für das „Gelobte Land", das geht aus schriftlichen Überlieferungen hervor. So wurde zum Beispiel das „Fruchtbare Tal" vom See Genezareth wegen seiner zahlreichen Walnussbäume gerühmt. Auch in religiösen Riten und Legenden spielte dieser Baum eine bedeutende Rolle, man verwendete das Holz des Baumes für Bauten und zum Entzünden des Altarfeuers im Tempel.

Walnüsse – kernige Kraftspender

Walnusskerne enthalten hochwertvolles Pflanzenfett mit mehrfach ungesättigter Fettsäuren, die sich besonders positiv auf das Herz-Kreislauf-System auswirken. Darüber hinaus verfügen sie über eine Reihe wertvoller Vitamine und Mineralstoffe, beispielsweise Kalium, Magnesium, Phosphor, Schwefel, Eisen, und die Vitamine A, B-Gruppe, C und E.

Walnüsse sind auch eine gute „Nervennahrung“ und fördern die Konzentrationsfähigkeit, darum sind sie als Beigabe fürs Frühstücksmüsli besonders geeignet. Genuss in Maßen ist allerdings angesagt, Walnüsse haben einen hohen Brennwert, auf 100 g kommen 666 kcal.

In der Küche verfeinert man mit Walnüssen Müslis, Gebäck, Desserts und Salate. Das Walnussöl gibt Salaten einen besonders intensiven Geschmack, daher sparsam dosieren! Es sollte bald verbraucht werden, da es schnell oxidiert und ranzig wird.

Walnussrezepte

Walnuss-Ingwer-Sterne

Zutaten:
125g Walnusskerne
250 g Weizenmehl
125g Butter
100 g Zucker
2 Eigelb
½ TL gemahlener Ingwer
1 Prise Salz
abgeriebene Schale einer unbehandelten Zitrone

Für den Guss:
150 g Puderzucker
2 EL Orangensaft
1 EL Orangenlikör (nach Belieben)

Zur Dekoration:
Walnusshälften oder kandierter Ingwer

Zubereitung des Teigs:
① Walnusskerne fein mahlen.
② Mehl in Schüssel sieben.
③ Butterflocken ins Mehl schneiden.
④ Gemahlene Walnüsse, Zucker, Ingwer, Salz, Zitronenschale und Eigelb zugeben.
⑤ Einen glatten, geschmeidigen Teig kneten.
⑥ Aus dem Teig eine Kugel formen, in Folie einschlagen und 1 Std. in den Kühlschrank legen.
⑦ Den Teig aus dem Kühlschrank nehmen, kurz geschmeidig kneten und auf einer leicht bemehlten Arbeitsplatte ½ cm dünn ausrollen.
⑧ Ist der Teig klebrig, eine Frischhaltefolie darauflegen und auswellen.
⑨ Sterne ausstechen und auf ein gefettetes Backblech setzen.
⑩ Im vorgeheizten Ofen bei 180°C 10–12 Minuten backen.
⑪ Gebäck sofort vom heißen Blech nehmen, sonst bricht es leicht.

Zubereitung des Gusses:
① Gesiebten Puderzucker mit Orangensaft und Orangenlikör glatt rühren.
② Gebäck bestreichen, mit Walnusshälften oder Ingwerstückchen garnieren.

***Tipp:** Statt Zuckerguss kann auch Schokoladenkuvertüre verwendet werden.*

Walnussbrötchen

Zutaten:
500 g Weizenmehl
(Type 1050)
¼ L lauwarmes Wasser
1 Ei
1 Pck. Trockenhefe
150 g gehackte Walnüsse
1 Prise Salz
Milch zum Bestreichen

Zubereitung:
① Mehl mit Hefe und Salz mischen.
② Ei und lauwarmes Wasser dazugeben.
③ Glatten Teig kneten.
④ Teig zugedeckt gehen lassen, bis er sich verdoppelt hat.
⑤ Die gehackten Walnüsse unter den Teig kneten.
⑥ Rolle formen auf bemehlter Arbeitsfläche.
⑦ Teigrolle in 12 Stücke schneiden.
⑧ Daraus Brötchen formen.
⑨ Backblech fetten.
⑩ Brötchen auf das Blech setzen und mit Geschirrtuch bedecken.
⑪ An einem warmen Ort 10–15 Minuten gehen lassen.
⑫ Backofen vorheizen.
⑬ Brötchen mit Milch bestreichen.
⑭ Blech mit Brötchen auf mittlerer Schiene backen
bei 200° C , Umluft 180° C.

Trauben-Walnuss-Salat

„Gelobtes Land“

Zutaten:
50 g Wallnusskerne
300 g blaue Trauben
300 g grüne Trauben
1 unbehandelte Zitrone
Zucker nach Geschmack
Schlagsahne zum
Verzieren

Zubereitung:
① Weintrauben waschen, abtropfen lassen, halbieren
und entkernen.
② Zitrone waschen und abtrocknen.
③ Schale abreiben.
④ Zitrone entsaften.
⑤ Zitronensaft, Zucker und abgeriebene Zitronenschale
verrühren.
⑥ Walnusskerne grob zerkleinern.
⑦ Obst mit Walnusskernen und Marinade mischen.
⑧ Kühl stellen und zugedeckt durchziehen lassen.
⑨ In Gläsern anrichten, mit Schlagsahne garnieren.

Waldorfsalat

Zutaten:
500 g säuerliche Äpfel
1 mittelgroße Sellerieknolle
100 g Walnusskerne
$^1/_8$ L süße Sahne oder Vollmilchjoghurt
1 Apfelsine
Saft einer Zitrone
Salz
weißer Pfeffer und Zucker zum Abschmecken
Salatblätter zum Anrichten

Zubereitung:
① Äpfel und Sellerieknolle waschen, schälen und grob raspeln.
② Sofort mit Zitronensaft beträufeln.
③ Apfelsine schälen, klein schneiden, mit Apfel und Sellerie mischen.
④ Walnusskerne grob hacken, einige ganz lassen für die Garnitur.
⑤ Sahne oder Joghurt mit 1 Prise Salz, Pfeffer und Zucker verrühren.
⑥ Alle Zutaten mischen, noch mal abschmecken.
⑦ Kühl stellen, durchziehen lassen.
⑧ Salatblätter waschen, gut abtropfen lassen, auf Glasteller legen.
⑨ Waldorfsalat auf den Salatblättern anrichten und mit Walnusshälften garnieren.

Grüner Walnusslikör

Zutaten:
12 grüne Walnüsse
1 Flasche Wodka (0,7 l)
400 g Zucker
200 ml Wasser
½ Zimtstange
½ Vanilleschote
3 Gewürznelken

Zubereitung:
① Nüsse klein schneiden und mit den Gewürzen in eine große weithalsige Flasche füllen.
② Mit Wodka bedecken und verschließen.
③ Den Ansatz 4–6 Wochen auf der Fensterbank in der Sonne ziehen lassen, täglich schütteln.
④ Danach abseihen.
⑤ 200 ml Wasser mit 400 g Zucker aufkochen.
⑥ Die Flüssigkeit abkühlen lassen.
⑦ Mit dem alkoholischen Auszug vermischen.
⑧ In Flaschen abfüllen und einige Wochen kühl stellen.

Tipp: *Die Ernte der grünen Nüsse sollte vor dem 21. Juni erfolgen, denn nachher sind die Nüsse zu hart. Beim Zerkleinern der Nüsse Handschuhe tragen, da die Gerbstoffe die Hände färben!*

Feines Orangendessert mit gehackten Walnüssen

Zutaten:
3 frische Eier
2–3 Orangen
5 Blatt weiße Gelatine
250ml süße Sahne
100 g Zucker
¼ L Orangensaft
100 g gehackte Walnüsse
1 TL Puderzucker

Zubereitung:
① Eier trennen, Eiweiß kalt stellen.
② Gelatine in einer Tasse mit kaltem Wasser einweichen.
③ Eigelb mit Zucker und Orangensaft unter ständigem Rühren im Topf erhitzen, kurz aufwallen lassen, von der Kochstelle nehmen.
④ Eingeweichte Gelatine ausdrücken, und in die heiße Flüssigkeit rühren bis sie aufgelöst ist.
⑤ Die Creme kühl stellen, bis sie halb steif ist.
⑥ Inzwischen Orangen schälen, in Scheiben schneiden.
⑦ Eine Glasschüssel mit den Orangenscheiben auslegen.
⑧ Eiweiß steif schlagen.
⑨ Die Hälfte der Sahne ebenfalls steif schlagen.
⑩ Eischnee und Schlagsahne locker unter die angesteifte Orangencreme heben.
⑪ Die Creme in die mit Orangenscheiben ausgelegte Schüssel geben.
⑫ Schüssel kühl stellen, bis die Creme ganz steif ist.
⑬ Vor dem Servieren den Rand der Speise mit einem Messer lösen und die Creme auf eine Platte stürzen.
⑭ Die zweite Sahnehälfte steif schlagen, 1 TL Puderzucker dazugeben.
⑮ Das Dessert mit Schlagsahne und gehackten Walnüssen garnieren.

***Tipp:** Anstelle von Walnüssen können auch Pistazien verwendet werden.*

Obstsalat „Herbstzeit"

Zutaten:
2 säuerliche Äpfel
1 Birne
250 g blaue Weintrauben
250 g Pflaumen
Saft einer ½ Zitrone
Saft einer Apfelsine
6 Walnüsse
1 Prise Zimt
Zucker nach Geschmack

Zubereitung:
① Äpfel, Birne, Weintrauben und Pflaumen waschen und abtropfen lassen.
② Äpfel und Birne schälen, halbieren, Kerngehäuse entfernen und in Spalten schneiden.
③ Sofort mit Zitronensaft beträufeln, damit sie sich nicht verfärben.
④ Pflaumen halbieren, entsteinen und vierteln.
⑤ Weintrauben halbieren und entkernen.
⑥ Walnüsse entkernen und vierteln.
⑦ Alles mit Apfelsinensaft mischen und mit Zimt und Zucker abschmecken.

Zitat

„Wenn du in deinem Weinberg die Trauben geerntet hast, sollst du keine Nachlese halten. Sie soll den Fremden, Waisen und Witwen gehören". (5. Mose 24,21)

Weinstock/Weinrebe

(Vitis vinifera)

Allgemeines

Der Weinstock hatte in biblischer Zeit die gleiche wirtschaftliche Bedeutung wie der Olivenbaum. Weinreben wurden sehr früh kultiviert, und den Überlieferungen zufolge war Noah der erste Winzer.

Einen Weinberg zu besitzen bedeutete damals Reichtum und Segen. Es sollte auch für die Bedürftigen etwas übrig bleiben, so schrieb Mose vor, heruntergefallene Weintrauben nicht aufzuheben, damit die Armen sie sammeln können. (s.o.)

Im Alten Testament war der Weinstock Sinnbild des Volkes Israel, und im Neuen Testament spielten in den Gleichnissen Jesu der Weinberg, Weinstock und die Reben eine besondere Rolle.
Die Bibel weiß auch zu berichten, dass Wein den Menschen nicht nur erfreut, sondern übermäßiger Genuss ihm schadet, darum heißt es:

„Berauscht euch nicht mit Wein – das macht zügellos ..." (Epheser 5, 18)

Weintrauben – von der Sonne verwöhnt

Die Weinrebe ist heute die am weitesten verbreitete Obstart und gehört auf allen fünf Erdteilen zum festen Bestandteil der Kulturpflanzen. Wichtig ist ein geschützter Standort, sie gedeiht am besten in sonnigen, warmen Lagen.

Im Erwerbsanbau wird zwischen Keltertrauben und Tafelauben unterschieden. Keltertrauben haben eine feste Schale und viele Kerne, darum sind sie für den Obstteller weniger geeignet. Hier sollte man Tafelauben bevorzugen, die haben eine dünne Schale, sind kernarm oder kernlos, und ihr Fruchtfleisch ist süß und aromatisch.

Rosinen – geballte Süßkraft

Getrocknete Weinbeeren sind Powerfrüchte, zuckersüß und reich an Kalium. Man verwendet sie für Früchtebrot, Müsli und zum Kuchenbacken. Kleine schwarze Rosinen sind eine Spezialität aus Korinth, daher der Name Korinthen.

Tipp für Traubenkur:
Zwei Wochen lang über den Tag verteilt 1 Pfund reife Trauben essen. Nur eine leichte Mahlzeit mittags oder abends mit magerem Fleisch, Fisch, Quark und Salat zu sich nehmen, ergänzt durch wenig Brot, Reis oder 2 Kartoffeln. Viel trinken, beispielsweise Tee oder Mineralwasser.

Traubenkur im Herbst

Weintrauben liefern wertvolle Biostoffe, und der Fruchtzucker wird schnell vom Blut aufgenommen (Diabetiker sollten das beachten!). Trauben eignen sich besonders gut für leichte Zwischenmahlzeiten, Nachtisch und Müsli. Beliebt ist eine Traubenkur im Herbst. Sie stärkt den Organismus und hilft den Körper zu entschlacken. Durch den hohen Kaliumgehalt wirken Weintrauben leicht entwässernd.

Weinrezepte

Fruchtsalat „Traubental"

Zutaten:
400 g grüne Weintrauben
400 g blaue Weintrauben
50 g Walnusskerne
1–2 ungespritzte Zitronen
Zucker nach Geschmack
1 Becher Schlagsahne
1 Pck. Vanillezucker

Zubereitung:
① Weintrauben waschen, Beeren abzupfen, halbieren und entkernen (einige Beeren ganz lassen zum Dekorieren).
② Walnüsse vierteln.
③ Zitronen waschen und Schale abreiben.
④ Zitronensaft mit Zucker und geriebener Zitronenschale verrühren.
⑤ Marinade mit den Früchten in einer Schüssel mischen.
⑥ Kühl stellen, durchziehen lassen.
⑦ Obstsalat in stilvollen Gläsern anrichten.
⑧ Sahne mit Vanillezucker steif schlagen.
⑨ Mit Sahnehäubchen garnieren und mit Weintrauben verzieren.

***Tipp:** Anstelle von Sahne kann Vanilleeis genommen werden.*

Beschwipste Weintrauben

Zutaten:
400 g grüne Weintrauben
300 g blaue Weintrauben
300 g Zucker
7–8 EL Wasser
50 g Rosinen
1 Prise Zimt
1 Prise Kardamom
0,75 l Obstbrand (beispielsweise Grappa)

Zubereitung:
① Die Trauben gründlich waschen und abtupfen.
② Beeren abzupfen.
③ Wasser mit Zucker zu einem Sirup kochen, abkühlen lassen.
④ Rosinen heiß waschen und abtropfen lassen.
⑤ Rosinen mit den Weinbeeren in saubere Schraubgläser füllen.
⑥ Den Sirup mit Zimt und Kardamom abschmecken und über die Früchte gießen.
⑦ Die Gläser mit Obstbrand (Grappa o.Ä.) auffüllen.
⑧ Gläser verschließen und 4 Wochen ziehen lassen.

***Tipp:** Verwendung wie Rumtopf zum Dessert.*

Zutaten:
4 Kalbsschnitzel
200 g frische Champignons
2 EL Weizenmehl
1 Glas Likörwein
3 Scheiben frischer Ingwer
3 EL Olivenöl
½ Bund glatte Petersilie
Pfeffer und Salz zum Abschmecken

Kalbsschnitzel mit Champignons in Weinsoße

Zubereitung:
① Die Schnitzel mit Küchenkrepp abtupfen und leicht klopfen.
② Champignons putzen und in Scheiben schneiden.
③ Mehl, Salz und Pfeffer mischen und die Schnitzel darin wälzen.
④ Olivenöl in einer Pfanne erhitzen.
⑤ Die Schnitzel von beiden Seiten goldbraun braten.
⑥ Schnitzel herausnehmen und warm stellen.
⑦ In dem heißen Bratöl die Champignons 2–3 Minuten schwenken.
⑧ Mit Wein angießen, Ingwer dazugeben, weitere 2 Minuten garen, mit Salz und Pfeffer abschmecken.
⑨ Nach Belieben den Fond etwas eindicken.
⑩ Petersilie waschen und schneiden.
⑪ Schnitzel auf einer vorgewärmten Platte mit Rand anrichten.
⑫ Weinsoße mit Champignons darübergießen und mit Petersilie bestreuen.

***Tipp:** Anstelle von Kalbsschnitzel können Putenschnitzel verwendet werden. Dazu passen Salat und Reis.*

Zutaten:
2 kg feste grüne oder blaue Weintrauben (netto)
0,5 L weißer Essig
0,5 L leichter Weißwein
750 g Zucker
3 Gewürznelken
1 ganze Muskatblüte

Trauben, in Wein eingelegt

Zubereitung:
① Die Weintrauben waschen und von den Stielen zupfen.
② Mehrfach mit einer Nadel einstechen und in eine Schüssel legen.
③ Essig, Weißwein, Zucker und Gewürze aufkochen, 10 Minuten abkühlen lassen.
④ Dann über die Früchte gießen und diese mit einem Teller beschweren, damit sie im Sud untertauchen.
⑤ Am nächsten Tag die Früchte in ein Sieb schütten und gut abtropfen lassen.
⑥ Den Sud 5 Minuten kochen.
⑦ Die Weintrauben in saubere Twist-off-Gläser verteilen, den kochend heißen Sud darübergießen. Die Früchte müssen bedeckt sein.
⑧ Die Gläser sofort mit Deckel fest verschließen.

***Tipp:** Trauben in Wein passen zu Braten, Wild und kalten Platten.*

Davids Powerfrühstück

Pikanter Ei-Rosinen-Brotaufstrich

Zutaten:
4 hart gekochte Eier
100 g ungeschwefelte Rosinen
100 g magerer Geflügel-Bratenaufschnitt
100 g Butter
½ TL gemahlener Kurkuma,
½ TL gemahlener Koriander
Salz, Pfeffer zum Abschmecken

Zubereitung:
① Eier schälen und halbieren.
② Eigelb herauslösen und mit der Gabel zerdrücken.
③ Butter schaumig rühren und Eigelb dazugeben.
④ Eiweiß und Bratenaufschnitt würfeln und mit den Rosinen unter die Schaummasse rühren.
⑤ Pikant mit den Gewürzen abschmecken.

***Tipp:** Eignet sich auch für Brunch, hält sich im Kühlschrank einige Tage. Dazu passt kräftiges Brot.*

Feine Weincreme

Zutaten:
½ l Weißwein
4 frische Eier (gekühlt)
200 g kernlose Weintrauben
6 Blatt weiße Gelatine
80–100 g Zucker
2–3 EL Wasser
¼ l Schlagsahne

Zubereitung:
① Gelatineblätter in kaltem Wasser einweichen.
② Eier trennen (Eiweiß kalt stellen).
③ Schaummasse schlagen aus Eigelb und Zucker.
④ Wein dazugeben.
⑤ Die Creme im Topf auf dem Herd bei mäßiger Hitze abschlagen, bis die Masse einmal aufpufft.
⑥ Creme von der Herdstelle nehmen, kurz weiterschlagen.
⑦ Die gequollene Blattgelatine gut ausdrücken, in ein kleines Gefäß geben und in ein heißes Wasserbad stellen, 2–3 EL heißes Wasser dazugeben, rühren, bis sich die Gelatine aufgelöst hat.
⑧ Die Gelatinelösung in die heiße Creme rühren.
⑨ Creme kalt stellen und etwas ansteifen lassen.
⑩ Sobald die Creme am Rand steif wird, den schnittfest geschlagenen Eischnee und die gewaschenen Weintrauben unterheben.
⑪ Ein Teil der steifen Schlagsahne wird ebenfalls vorsichtig untergehoben.
⑫ Die Creme in Glasschalen oder Gläsern anrichten. Kalt stellen und steif werden lassen.

***Tipp:** Beim Anrichten mit restlicher Schlagsahne verzieren, evtl. mit Früchten garnieren und feines Gebäck dazu reichen.*

Rosinen-Mandel-Schnecken

Quark-Öl-Teig

Zutaten:
Für den Teig:
300 g Weizenmehl (Type 1050)
150 g Quark
6 EL Öl
2 EL Milch nach Bedarf
1 Ei
70g Zucker
½ Pck. Backpulver
1 Prise Salz
1 Pck. Vanillezucker oder abgeriebene Zitronenschale

Zum Bestreichen des Blechs:
Butter oder Margarine

Füllung:
150 g Rosinen
100 g geriebene Mandeln
50 g Zucker
Saft einer Apfelsine
1 Prise Zimt

Glasur:
100 g Puderzucker
Saft einer halben Zitrone

Zubereitung:
① Quark mit Öl, Zucker, Salz und Ei cremig rühren.
② Vanillezucker oder geriebene Zitronenschale beifügen.
③ Mehl mit Backpulver sieben, zur Schaummasse geben.
④ Aus allen Zutaten einen glatten geschmeidigen Teig kneten.
⑤ Den Teig zugedeckt ruhen lassen, Füllung vorbereiten.
⑥ Rosinen waschen, mit heißem Wasser überbrühen, gut abtropfen lassen.
⑦ Rosinen in eine Schüssel geben, mit geriebenen Mandeln, Zucker, Zimt und Apfelsinensaft mischen.
⑧ Den Teig mit dem Nudelholz auf einer leicht bemehlten Arbeitsplatte dünn ausrollen (circa 30 x 40cm).
⑨ Die Teigplatte mit zerlassener Butter bestreichen.
⑩ Füllung auf die Teigplatte streichen, am Rand 2cm frei lassen.
⑪ Den Teig von der Längsseite her aufrollen.
⑫ Mit einem scharfen Messer knapp 2cm dicke Scheiben von der Rolle abschneiden.
⑬ Backblech mit Butter einfetten.
⑭ Die Teigscheiben mit der Schnittfläche auf das Blech legen, leicht flach andrücken.
⑮ Bei Mittelhitze (180–200°C) im vorgeheizten Ofen 20 Minuten backen.
⑯ Puderzucker sieben, mit Zitronensaft und etwas Wasser glatt rühren.

***Tipp:** Die warmen Schnecken nach Belieben glasieren.*

Gefüllte Weinblätter

Zutaten:
200 g Bulgur
300 g eingelegte Weinblätter (küchenfertig)
0,5 L Gemüsebrühe
1 Zwiebel
2 Knoblauchzehen
2 EL Olivenöl
Saft einer Zitrone
1 Prise Cayennepfeffer
50 g geriebener Käse
Salz und Pfeffer aus der Mühle
250 ml Weißwein

4 EL gemischte Kräuter:
Majoran
Thymian
Petersilie
Minze

Zubereitung:

① Weinblätter in kaltes Wasser legen.
② Zwiebel und Knoblauch schälen und fein würfeln.
③ Öl im Topf erhitzen, Zwiebel und Knoblauch darin glasig andünsten.
④ Bulgur zugeben und kurz anrösten.
⑤ Mit Gemüsebrühe aufgießen und umrühren.
⑥ Auf kleiner Kochstufe ausquellen lassen (15 Minuten).
⑦ Weinblätter mit Küchenkrepp trocken tupfen und flach ausbreiten.
⑧ Gehackte Kräuter und geriebenen Käse unter den Bulgur mischen. Die Masse mit Cayennepfeffer, Zitronensaft, Salz und Pfeffer kräftig abschmecken.
⑨ Auf jedes Weinblatt einen Esslöffel Bulgurfüllung setzen.
⑩ Seiten einschlagen und die Blätter aufrollen.
⑪ Eine Auflaufform mit Butter ausfetten und die gefüllten Weinblätter dicht an dicht mit der Nahtstelle nach unten hineinlegen.
⑫ Das Ganze mit Wein begießen.
⑬ Die gefüllten Weinblätter im vorgeheizten Backofen zugedeckt bei 180–200°C 30 Minuten garen.

***Tipp:** Die gefüllten Weinblätter schmecken warm oder kalt, sie eignen sich als Vorspeise oder für ein Büfett.*

Zutaten:
175 g Weizenmehl
(Type 1050)
200 g mittelfeine
Haferflocken
250 g Butter
200 g Zucker
1 Ei
100 g Rosinen
2 gestrichene TL
Backpulver
½ TL Zimt
1 Prise Salz
2 EL Rum
(nach Belieben)

Knusprige Rosinentaler

Zubereitung:

① Rosinen mit warmem Wasser überbrausen, abtropfen lassen und mit Rum beträufeln, durchziehen lassen.
② Butter, Zucker mit Ei, Salz und Zimt schaumig rühren.
③ Mehl mit Backpulver mischen, durchsieben, Haferflocken zugeben.
④ Aus allen Zutaten einen Teig kneten.
⑤ Teig eine Stunde kalt stellen.
⑥ Backofen vorheizen.
⑦ Backblech mit Backpapier auslegen.
⑧ Aus dem Teig walnussgroße Kugeln formen, auf das gefettete Blech setzen und flach drücken.
⑨ Rosinentaler 12–15 Minuten bei 180°C goldgelb backen.
⑩ Gebäck abkühlen lassen und in Dosen aufbewahren.

Biblische
Feld- und Gartenpflanzen

„Schaut die Lilien auf dem Feld an, wie sie wachsen: Sie arbeiten nicht, auch spinnen sie nicht, Ich sage euch, dass auch Salomo in aller seiner Herrlichkeit nicht gekleidet gewesen ist wie eine von ihnen.“ (Matth. 6,28 f)

Kichererbse

„Die Rinder und Esel, die auf dem Felde ackern, werden gesalzenes gemengtes Futter fressen, das geworfelt ist mit Schaufel und Wurfgabel." (Jesaja 30,24)

Kichererbse *(Cicer arietinum)*

Der Samen mit dem Widderkopf

Von Kichererbsen ist im Alten Testament indirekt die Rede, sie sollen Bestandteil des gemengten Futters gewesen sein, das Rinder und Esel zum Fressen bekamen, die den Pflug auf dem Acker ziehen mussten. In Kleinasien kultivierte man Kichererbsen schon vor 8000 Jahren. Die einjährige Pflanze stellt geringe Ansprüche an den Boden und kommt mit wenig Wasser aus. Sie ist eine anspruchslose Verwandte unserer Gartenerbse.

Kichererbsen sind im Vorderen Orient und in Nordafrika heute noch sehr beliebt, sie werden beispielsweise geröstet und wie Nüsse verzehrt. Aus Kichererbsen wird das bekannte Falafel hergestellt und in der syrischen, libanesischen und israelischen Küche zählt das sogenannte „Hummus" zu den Nationalspeisen, eine Kichererbsenpaste, die mit Olivenöl zu frischem Fladenbrot gegessen wird.

Kichererbsen – pflanzliche Eiweißquelle

100 g Kichererbsen enthalten: 20g Eiweiß, 5g Fett und 61g Kohlehydrate. Zusätzlich: Vitamin E und Vitamine der B-Gruppe, Mineralstoffe, beispielsweise Eisen, Kalzium, Phosphor und Mangan.
Kichererbsen können gut kombiniert werden mit verschiedenen Gemüsearten, beispielsweise Auberginen, Möhren, Tomaten, Paprika, Zucchini, Kohl, Porree, Sellerie und Zwiebel und natürlich auch mit Weizen. Die Samen der Kichererbsen kann man keimen lassen. Die Keimdauer sollte nicht länger als drei Tage sein, sonst werden die Keimlinge bitter. Außerdem bildet sich in größeren Keimen ein unbekömmlicher Eiweißstoff (Phasin). Deshalb werden Kichererbsensprossen immer blanchiert oder in Fett angebraten, bevor man sie verzehrt.

Hinweis: *Mit ein wenig Fantasie kann man im Samenkorn der Kichererbse die Kopfform eines Widders erkennen, daher der botanische Beiname* arietinum, *dieses Wort kommt vom lat.* aries=*Widder.*

Kichererbsenrezepte

Kichererbsenbällchen
mit Joghurtsoße und Möhrenrohkost
(Falafel)

Zutaten:
250 g getrocknete Kichererbsen
100 g Bulgur (Hartweizengrütze)
50 g Semmelbrösel
1 Ei
1 Bund glatte Petersilie
2 Knoblauchzehen
Saft einer Zitrone
1 TL Kreuzkümmel
1 TL Koriander
Salz
Cayennepfeffer
Paniermehl zum Wenden
Öl zum Ausbacken

Zubereitung:

① Kichererbsen in 1 l Wasser einweichen (12 Std.).
② Kichererbsen im Einweichwasser circa 30–40 Min kochen, abschäumen, abtropfen lassen.
③ Bulgur mit 1/8 L warmen Wasser begießen und quellen lassen bis das Wasser vom Bulgur aufgenommen ist.
④ Abgekühlte Kichererbsen im Mixer zerkleinern.
⑤ Petersilie hacken.
⑥ Kichererbsenmus mit eingeweichtem Bulgur, Ei und Semmelbröseln mischen.
⑦ Kreuzkümmel und Koriander mahlen oder im Mörser zerreiben.
⑧ Knoblauch auspressen.
⑨ Alle Gewürze mit dem Zitronensaft unter die Masse geben, gut mischen.
⑩ Mit Salz und Cayennepfeffer abschmecken.
⑪ Mit angefeuchteten Händen walnussgroße Bällchen formen und im Paniermehl wälzen.
⑫ Öl in eine Pfanne (4 cm hoch oder eine Friteuse geben.)
⑬ Öl erhitzen, Kichererbsenbällchen portionsweise goldgelb ausbacken.
⑭ Mit Schaumlöffel herausnehmen und auf Küchenkrepp auslegen.
⑮ Mit Joghurt-Knoblauch-Soße und Möhrenrohkost anrichten.

***Tipp:** Kichererbsenbällchen (Falafel) schmecken auch im kalten Zustand sehr gut. Im Orient sind sie als „Fast Food“ beliebt.*

Pikante Kichererbsensuppe

Zutaten:
400–500 g gekochte Kichererbsen (evtl. aus der Dose)
3 EL Olivenöl
3 durchgepresste Knoblauchzehen
1 Zwiebel gewürfelt
2 EL grüne Chilischote gewürfelt
1 kl. Dose Tomatenmark
1 TL getrockneten Majoran
1 EL Worcestersoße
Salz, frisch gemahlener Pfeffer

Zubereitung:
① Olivenöl im Topf erhitzen.
② Gehackte Zwiebeln und durchgepressten Knoblauch andünsten.
③ Gewürfelte Chilischote, Worcestersoße, 4–5 EL Tomatenmark dazugeben und umrühren.
④ Gekochte Kichererbsen mit Kochwasser untermengen.
⑤ Falls erforderlich noch Wasser dazugießen, mit Majoran, Salz und Pfeffer abschmecken.
⑥ 15 Minuten kochen lassen, noch mal abschmecken.

***Tipp:** Eine schnelle, leckere Suppe, die lange sättigt und eine komplette Mahlzeit ersetzt.*

Möhrenfrischkost

Zutaten:
500 g gewaschene Möhren
2 gewaschene Äpfel
Saft einer Zitrone
2 EL kalt gepresstes Öl
2 EL grob gehackte Walnüsse oder Haselnüsse
1 Prise Zucker

Zubereitung:
① Möhren und Äpfel mit Schale in eine Salatschüssel raspeln.
② Sofort Zitronensaft darüberträufeln, damit der Apfel hell bleibt.
③ Öl dazugeben und mischen, mit einer Prise Zucker abschmecken.
④ Vor dem Anrichten die grob gehackten Nüsse darüberstreuen.

Joghurt-Knoblauch-Soße

Zutaten:
2 Becher Joghurt (natur)
2 Knoblauchzehen
1 Prise Salz und Pfeffer

Zubereitung:
① Joghurt mit Schneebesen verrühren.
② Knoblauchzehen schälen, durchpressen.
③ Alle Zutaten mischen und mit Salz und Pfeffer abschmecken.

Kichererbsenpaste (Hummus)

Zutaten:
250 g gekochte Kichererbsen
Saft einer Zitrone
5 EL Olivenöl
1 TL Kreuzkümmel
1–2 Knoblauchzehen
2 EL Sesammus (Tahin) aus dem Reformhaus oder Naturkostladen
Salz
Pfeffer aus der Mühle

Zubereitung:
① Kichererbsen im Mixer cremig pürieren, evtl. etwas Kochwasser dazugeben.
② Knoblauchzehen schälen und durchpressen.
③ Kreuzkümmel im Mörser zerstoßen.
④ Sesammus, Olivenöl, Zitronensaft, Knoblauch und Kreuzkümmel zu den Kichererbsen geben.
⑤ Alles noch mal durchmixen, mit Salz und Pfeffer abschmecken.
⑥ Kalt stellen.

***Anregung:** Passt gut zu Fladenbrot und als Vorspeise. Das Rezept kann variiert werden z.B. gewürzt mit frischer Petersilie oder frischem Koriander.*

***Tipp:** Vor dem Anrichten die Kichererbsenpaste mit Rillen verzieren und Olivenöl hineinträufeln, evtl. mit Kreuzkümmel bestreuen.*

Linsen

„Da gab ihm Jakob Brot und das Linsengericht, und er aß und trank und stand auf und ging davon. So verachtete Esau seine Erstgeburt." (1. Mose 24,35)

Zitat

Linsen *(Lens culinaris)*

Esaus Linsengericht

Esaus Linsengericht ist wohl die bekannteste Speise im Alten Testament: Als Esau erschöpft vom Feld nach Hause kam, hatte sein Zwillingsbruder Jakob gerade Linsen gekocht. Da sagte Esau zu Jakob: „Gib mir doch etwas zu essen von dem Roten, von dem Roten da, ich bin ganz erschöpft". Jakob antwortete: „Dann verkauf mir jetzt sofort dein Erstgeburtsrecht." „Schau, ich sterbe vor Hunger", erwiderte Esau, „was soll mir mein Erstgeburtsrecht?" Leichtsinnig verspielte Esau so seine Privilegien als Erstgeborener.

Linsen waren nicht nur ein wichtiges, sondern auch ein beliebtes Nahrungsmittel, das für Brei und Suppen verwendet wurde. Die Hülsenfrüchte wurden auch mit Getreidekörnern vermischt und zu Mehl vermahlen, das zum Brotbacken diente. Linsen gehötren zu den ersten Feldfrüchten, die im alten Israel angebaut wurden, das belegen archäologische Funde. An zahlreichen Stellen im Nahen Osten wurden bei Ausgrabungen verkohlte Linsensamen entdeckt, die frühesten Funde gehen bis in das 7. Jahrhundert v. Chr. zurück.

Linsen – Perlen der Vollwerternährung

Die Zeiten sind vorbei, dass man für einen Teller Linsensuppe sein Erstgeburtsrecht verkauft, wie es einst bei Esau geschah. Die Hülsenfrüchte wurden damals hoch geschätzt, denn tatsächlich sind Linsen ein wertvolles Nahrungsmittel, das in unseren Kochtöpfen heute viel zu wenig verwendet wird! 100 g Linsen enthalten beispielsweise 24g Eiweiß, 17g Ballaststoffe, die vor allem in der Schale sitzen, Vitamin A, B1/B2 und B6, Kalium, Phosphor und 7mg Eisen. Besonders auffällig ist der hohe Eiweiß- und Eisengehalt. Linsen gehören zur Familie der Schmetterlingsblütler und gedeihen in heißem und trockenen Klima.

Linsenauswahl
Linsen werden in verschiedenen Größen und Farben angeboten:
Kleine Linsen (Zuckerlinsen) 4–5 mm
Mittellinsen 5–6 mm
Tellerlinsen 6–7 mm
Schwarze Linsen
Rote Linsen (geschälte Linsen)

Die Kochzeit der Linsen beträgt 30–60 Minuten, sie richtet sich nach der Dicke der Linsen. Da rote Linsen geschält sind, haben sie die kürzeste Garzeit und die wenigsten Ballaststoffe. Das Einweichen verkürzt die Kochzeit, Salz oder Essig dürfen erst nach dem Garen dazugeben werden, sonst quellen die Linsen nicht richtig auf. Garen im Dampfdrucktopf verkürzt die Garzeit auf 10 Minuten und hilft beim Energiesparen. Linsen sind vielseitig verwendbar, beispielsweise für Salate, Gemüse, Suppen, Aufläufe, Püree, Dips und Brotaufstriche. Sie lassen sich gut mit Reis, Vollkornnudeln und Kartoffeln, mit Zwiebeln, Lauch, Sellerie, Tomaten und Pilzen.

Gekeimte Linsensprossen

Linsen in eine Schüssel geben, gut mit Wasser bedecken, über Nacht quellen lassen. Am nächsten Tag Linsen abspülen und in einem Sieb abtropfen lassen. Das Sieb in eine Schüssel stellen, abdecken und bei 20°C stehen lassen. Linsen zweimal täglich mit warmem Wasser durchspülen, nach 2-3 Tagen zeigen sich Keime. Vor dem Verzehr noch mal gut spülen.

Linsenrezepte

Esaus rotes Linsengericht

Zutaten:
150 g rote Linsen
1 l Wasser
2 ganze Tomaten
500 g passierte Tomaten, evtl. aus der Dose
1–2 rote Peperoni
1 Zwiebel
1–2 Knoblauchzehen
Saft einer Zitrone
2–3 EL Olivenöl
Salz
eine Prise Zucker
Pfeffersoße (Tabasco)
Paprikapulver

Zubereitung:
① Linsen mit Wasser kalt ansetzen, circa 10 Minuten kochen.
② Umrühren, damit sie nicht anbrennen.
③ Zwiebel klein schneiden.
④ Knoblauchzehen auspressen.
⑤ Peperoni längs aufschneiden (wenn das Gericht nicht sehr scharf werden soll, einen Teil der Kerne und Scheidewände entfernen).
⑥ Peperoni fein hacken.
⑦ Öl im Topf erhitzen, Zwiebel, Knoblauch und Peperoni andünsten.
⑧ Gekochte Linsen zugeben und mit Flüssigkeit auffüllen (das Gericht sollte mittlere Konsistenz haben, nicht zu dünn sein).
⑨ Tomaten in Würfel schneiden und mit den passierten Tomaten dazugeben.
⑩ Leicht kochen und gelegentlich umrühren.
⑪ Abschmecken mit Paprikapulver, Salz und einer Prise Zucker.
⑫ Zum Schluss evtl. einen Spritzer Pfeffersoße (Tabasco) dazugeben, umrühren und heiß servieren.

***Tipp:** Fladenbrot rundet das Linsengericht wunderbar ab.*

Linsenbrotaufstrich

Zutaten:
200 g gekochte Linsen
Saft einer Zitrone
1 TL gemahlener Kümmel
6 EL Olivenöl
2 TL Senf
Salz
Pfeffer aus der Mühle
2 EL Schnittlauchröllchen

Zubereitung:
① Gekochte Linsen im Mixer cremig pürieren, evtl. etwas Kochwasser dazugeben.
② Kümmel, Zitronensaft, Olivenöl, Senf und Schnittlauchröllchen beimengen.
③ Mit Pfeffer und Salz abschmecken.
④ Kühl stellen.

***Tipp:** Ein schmackhafter Brotaufstrich, der besonders gut zu Vollkornbrot schmeckt.*

Lauwarmer Linsensprossensalat
mit Roter Beete und Kreuzkümmel

Zutaten:
200 g Tellerlinsen
300 g Rote Beete
1 rote Zwiebel
2 EL Sonnenblumenöl
2–3 EL Rotweinessig
1 EL gestoßener Kreuzkümmel
Salz
Pfeffer aus der Mühle
2 Äpfel
1 EL. Butter
1–2 TL Honig

Zubereitung:
① Linsen 3 Tage keimen lassen, täglich das Wasser wechseln, durchspülen.
② Rote Beete waschen, schälen, in feine Streifen schneiden.
③ Rote Beete in Öl 5–7 Minuten andünsten.
④ Die abgetropften Linsensprossen zugeben und umrühren, 2–3 Minuten mitdünsten, von der Kochplatte nehmen.
⑤ Zwiebel schälen, würfeln und zum Salat geben.
⑥ Den Salat abschmecken mit Essig, Kreuzkümmel, Salz und Pfeffer.
⑦ Alles gut mischen und zugedeckt durchziehen lassen.
⑧ Äpfel waschen, vierteln, Kerngehäuse entfernen. Apfelstücke in Spalten schneiden.
⑨ Butter in der Pfanne zerlassen, Honig zugeben.
⑩ Apfelspalten darin kurz braten, bis sie goldgelb sind. Vorsichtig wenden, dürfen nicht zerfallen.
⑪ Linsensalat mit den heißen Honig-Butter-Äpfeln anrichten.

Feine Linsencremesuppe

Zutaten:
100 g rote Linsen (getrocknet)
1 mittelgroße Zwiebel
1 Knoblauchzehe
3 EL Öl
1 l Gemüsebrühe
1 EL Obstessig
2 TL Majoran
½ TL Kurkuma
2 EL Crème fraîche
Petersilie

Zubereitung:
① Linsen im kalten Wasser einweichen, ½ Std. quellen lassen und abgießen.
② Zwiebel und Knoblauch schälen, klein schneiden.
③ Öl erhitzen.
④ Zwiebel, Knoblauch und abgegossene Linsen darin andünsten.
⑤ Mit Gemüsebrühe aufgießen und 20 Minuten kochen.
⑥ Suppe abschmecken mit Majoran, Kurkuma, Salz und Obstessig.
⑦ Die Suppe pürieren, evtl. noch etwas Brühe dazugeben, Crème fraîche einrühren.
⑧ Mit Petersilie garnieren.

Linsenpuffer

Zutaten:
200 g Tellerlinsen
1 Zwiebel
500ml Gemüsebrühe
1 Ei
1 Kartoffel
1 mittelgroße Möhre
2 EL Semmelbrösel
1–2 Knoblauchzehen
3 Stängel glatte Petersilie
1 TL Majoran, getrocknet
Salz und Cayennepfeffer
Öl zum Ausbacken

Zubereitung:
① Zwiebel schälen, würfeln.
② Linsen im Sieb abspülen, abtropfen lassen.
③ 2 EL Öl im Topf erhitzen, Zwiebel darin anbraten, Linsen zugeben.
④ Gemüsebrühe aufgießen.
⑤ Zugedeckt 30 Minuten bei schwacher Hitze kochen lassen.
⑥ Möhre und Kartoffel waschen, schälen und reiben.
⑦ Knoblauch schälen, durchpressen.
⑧ Petersilie waschen, abtupfen, die Blätter fein hacken.
⑨ Die fertig gegarten Linsen im Mixer pürieren.
⑩ Püree in eine Schüssel geben, etwas abkühlen lassen.
⑪ Paniermehl, Ei, Knoblauch, Petersilie, geriebene Kartoffel und Möhre zugeben, durchkneten.
⑫ Gut abschmecken mit Majoran, Salz und Cayennepfeffer.
⑬ Öl in der Pfanne erhitzen.
⑭ Vom Linsenteig jeweils 1 EL in die Pfanne geben und flach drücken, auf beiden Seiten goldbraun backen, warm stellen.

***Tipp:** Zu Linsenpuffer passt gemischter Salat und Joghurt-Knoblauch-Soße.*

Melone

„Wie schön war es doch in Ägypten! Da konnten wir Fische essen und mussten nicht einmal dafür bezahlen. Wir hatten Gurken und Melonen, Lauch, Zwiebeln und Knoblauch. Aber hier gibt es tagaus, tagein nichts als Manna." (4. Mose 11,5–6)

Melone *(Citrullus lanatus)*

Allgemeines

Auf der langen Wanderung durch die Wüste Sinai sehnten sich die Israeliten nach den saftigen Melonen, die sie während der Gefangenschaft in Ägypten gegessen hatten. Die Wassermelone war bereits in der Bronzezeit in Ägypten bekannt. Ihre großen schwarzen Samen hat man in ägyptischen Gräbern entdeckt, ein Indiz dafür, dass Wassermelonen im fruchtbaren Niltal schon früh kultiviert wurden. In Ägypten wurden aber auch Zuckermelonen (Cucumis melo) angebaut.

Melonen – leicht und fruchtig

Alle Melonen gehören zur Familie der Kürbisgewächse. Es gibt eine Vielfalt von Früchten mit verschiedenen Farben und Formen. Melonen werden heute nicht nur in tropischen Ländern, sondern auch in gemäßigten Klimazonen angebaut.

Melonen sind mehrere Wochen haltbar, wenn sie kühl gelagert werden, denn ihre Schale ist hart und schützt das Fruchtfleisch. Das süße aromatische Fruchtfleisch eignet sich besonders für erfrischende Obstsalate, als Beilage zu Käse und Schinken oder als Durstlöscher für heiße Tage. Die Auswahl im Obsthandel ist groß, neben den üblichen Wassermelonen gibt es beispielsweise wohlschmeckende Honigmelonen, Netzmelonen, Kantalupmelonen oder die Ogenmelonen, eine besondere Kreuzung, die aus Israel stammt.

Kalorienarme Fitmacher

Melonen schmecken nicht nur saftig und frisch, sie liefern zusätzlich Vitamine und Mineralstoffe und enthalten wertvolle bioaktive Pflanzenstoffe, beispielsweise Betacarotin, das besonders gut für Haut und Augen ist. Das in der Frucht enthaltene Niacin verbessert die Zellatmung, und Vitamin C stärkt das Immunsystem. Regelmäßiger Verzehr von Melonen vitalisiert den Körper und ist gut gegen schlaffe Haut und Fältchen.

Melonenrezepte

Melonen-Orangen-Cocktail

Zutaten:
½ Netz- oder Honigmelone
1 ungespritzte Limette
1 Apfelsine
4 cl Orangenlikör
1–2 EL Puderzucker
0,25 L gut gekühltes Mineralwasser
2 Eiswürfel

Zubereitung:
① Melonenhälfte längs vierteln.
② Kerne auskratzen.
③ Fruchtfleisch aus der Schale schneiden und grob würfeln.
④ Orange und Limette waschen, abtrocknen, auspressen und vorher von der Limette 1 Scheibe abschneiden und zurücklegen.
⑤ Melonenwürfel, Orangensaft, Orangenlikör und Puderzucker im Mixer pürieren.
⑥ Kaltes Mineralwasserzugeben, mixen.
⑦ Cocktail in hohen Gläsern auf Eiswürfel anrichten.
⑧ Limettenscheibe halbieren, damit den Glasrand dekorieren. Sofort servieren.

Zutaten:
1 Wassermelone
(mittlere Größe)
300 g kaltes gekochtes
Geflügelfleisch
300 g frische (ganze)
Champignons
Saft von 1–2 Zitronen
Salz, Pfeffer oder
Tabascosoße
2–3 EL Crème fraîche
1Tasse Melonenwürfel
zum Garnieren

Melonensalat mit Geflügel

Zubereitung:

① Melone waschen, abtrocknen.
② Deckel abschneiden.
③ Die Melone aushöhlen und die ausgehöhlte Schale kalt stellen.
④ Das Fruchtfleisch von den Kernen befreien, in kleine Würfel schneiden, auf einem Sieb abtropfen lassen.
⑤ Champignons putzen, in Scheiben schneiden und mit Zitronensaft beträufeln.
⑥ Geflügelfleisch in kleine Würfel schneiden.
⑦ Alle geschnittenen Zutaten mischen (1 Tasse Melonenwürfel zum Dekorieren zurücklassen).
⑧ Mit Zitronensaft, Salz oder Tabascosoße abschmecken.
⑨ Crème fraîche unterheben.
⑩ Kalt stellen und durchziehen lassen.
⑪ Den Salat in der Melonenschale anrichten und mit Melonenwürfeln garnieren.

Honigmelone, pikant eingelegt

Zutaten:
750 g feste reife Honigmelone
200 g brauner Zucker
300ml Weinessig
2 Zimtstangen
8 Gewürznelken
1 Prise Salz
3cm frische Ingwerwurzel

Zubereitung:
① Melone schälen und Samen entfernen.
② Fruchtfleisch in Würfel schneiden oder mit dem Melonenausstecher Kugeln formen.
③ Weinessig, Zucker, Ingwer und Gewürze in einen Topf geben, zum Kochen bringen.
④ Die Hälfte der Melonenstücke in die kochende Flüssigkeit geben.
⑤ Hitze zurückschalten und leise kochen, bis die Melone weich und glasig ist.
⑥ Mit dem Schaumlöffel die Fruchtstücke herausnehmen.
⑦ Die zweite Portion Melone genauso vorbereiten.
⑧ Die Melonenstücke in steril-saubere Twist-off-Gläser füllen.
⑨ Den heißen Sirup über die Früchte gießen und gut bedecken.
⑩ Die Gläser sofort verschließen.

***Tipp:** Eine köstlich würzige Beilage zu kaltem Braten oder Fondue.*

Melonen-Sahne-Dessert mit Granatapfelsirup

Zutaten:
ca. 700 g Honigmelone
Saft einer Apfelsine
Saft und Schale einer unbehandelten Zitrone
120 g Zucker
1 Päckchen weiße Gelatine
1 Päckchen Vanillezucker
1 Becher Schlagsahne
4 EL Granatapfelsirup (Feinkostgeschäft)

Zubereitung:
① Gelatine in 3–4 EL kaltem Wasser 10 Minuten einweichen.
② Melone halbieren, Kerne entfernen und schälen.
③ 500 g Fruchtfleisch abwiegen und würfeln.
④ Melonenwürfel im Mixer zerkleinern.
⑤ Melonenmus, Zucker und Apfelsinensaft mischen, die Masse im Topf erhitzen, dabei umrühren.
⑥ Die eingeweichte Gelatine in das warme Fruchtmus geben und verrühren, bis sie aufgelöst ist.
⑦ Mit Vanillezucker und Zitronensaft abschmecken.
⑧ Die Creme kalt stellen, leicht ansteifen lassen.
⑨ Sahne steif schlagen, 2/3 der Sahne unter die Creme heben.
⑩ Die Creme in Dessertschalen oder Gläsern anrichten, noch mal kühl stellen.
⑪ Vor dem Servieren mit Sahnetupfer und Granatapfelsirup garnieren.

Weizen

Zitat

„Nimm Weizen, Gerste, Bohnen, Linsen, Hirse und Dinkel, mische alles zusammen und backe daraus Brot!“ (Hesekiel 4,9)

Weizen *(Triticum durum)*

Korn für den König

Die Getreidearten Weizen und Gerste gehörten in biblischer Zeit zu den wichtigsten Feldfrüchten. Sie lieferten das Mehl fürs tägliche Brot, Hauptnahrungsmittel für Arme und Reiche. Selbst an den Königshöfen gehörte Mehl zu den wichtigsten Grundnahrungsmitteln. König Salomo benötigte zur Beköstigung seines Hofstaates täglich **„dreißig Sack feinstes Mehl, sechzig Sack anderes Mehl“.** *(1. Kön. 5,2–3)*

Getreide begleitet den Menschen schon seit Jahrtausenden. Zunächst machte man nur Brei daraus, später wurden dann auf heißen Steinen Fladenbrote gebacken, ein Verfahren, das sich in den sonnenreichen Ländern bewährte.

Brotgetreide war in den Zeiten von Hungersnöten zum Überleben notwendig, darüber hinaus spielte es aber auch bei religiösen Ritualen eine besondere Rolle. Eine herausragende Bedeutung hatte der Weizen. Er wird an vielen Stellen der Heiligen Schrift, direkt oder gleichnishaft, erwähnt. Gerste galt als die weniger wertvolle Getreideart, das Gerstenbrot nannte man darum „Brot der Armen".

Weizen – eine hochkarätige Frucht

Im Weizenkorn schlummern viele wertvolle Inhaltsstoffe. Es ist reich an Ballaststoffen, Mineralstoffen, Eiweiß und Vitaminen. Besonders hervorzuheben sind die Vitamine der B-Gruppe und das Vitamin E im Weizenkeim.

Die Qualität des Mehls ist abhängig vom Ausmahlungsgrad. Mithilfe raffinierter Mühlentechnik kann man aus Weizenkorn feinstes Weißmehl mit guten Backeigenschaften und langer Haltbarkeit herstellen. Leider werden dabei Frucht- und Samenschale und der Keim entfernt und damit auch die meisten Vitamine, Mineralstoffe und Ballaststoffe. Übrig bleibt der Mehlkörper, und der besteht aus Stärke und Klebereiweiß. Bis zu 78% der Mineralstoffe sind entfernt und fast vollständig die Spurenelemente Zink und Selen. Aus ernährungsphysiologischer Sicht sollten Vollkornprodukte bevorzugt werden, vor allem Vollkornbrot. Beim Einkauf von Mehl ist auf die Mehl-Type zu achten. Je niedriger die Zahl, beispielsweise Type 405, desto höher ist der Ausmahlungsgrad und desto weniger Ballaststoffe, Vitamine und Mineralstoffe sind enthalten.

Weizenkeimlinge – besonders wertvoll

Lässt man den Weizen keimen, verdoppelt sich innerhalb eines Tages der Gehalt an Vit. B_1/B_2 und B_{12}. Auch der Vitamin E-Gehalt steigt durch den Keimprozess um das Mehrfache an. Frisch gekeimter Weizen ist „Vitalkost" und eine gute Ergänzung für Salate, Müsli und andere Gerichte.

Die Herstellung von Keimlingen ist einfach. Zum Keimen kann man ein Keimgerät aus Kunststoff benutzen oder schlicht ein Schraubglas verwenden, in dessen Deckel man Löcher bohrt, damit die Keimlinge belüftet sind. Stellt man das Schraubglas schräg auf den Kopf, läuft das überschüssige Wasser ab, und im Glas entsteht eine feuchte Keimkammer.

Tipp: *Sprießkornweizen (aus dem Reformhaus oder Naturkostladen) im lauwarmen Wasser aufquellen lassen, absieben und bei Zimmertemperatur keimen lassen, täglich zweimal spülen. Die Keime sollten beim Verzehr höchstens ½ cm lang sein. Fertige Keime sind bis zu zwei Tage im Kühlschrank haltbar.*

Gebackene Spiegeleier im Brotbett

Zutaten:
4 Eier
1 große Gemüsezwiebel
50 g Butter
5 Scheiben Vollkorntoastbrot
1 Bund glatte Petersilie
1 EL frische gehackte Rosmarinblätter
1–2 Knoblauchzehen
½ TL Kurkuma
Salz
Pfeffer aus der Mühle

Zubereitung:
① Zwiebel schälen und würfeln.
② In einem Topf die Hälfte der Butter erhitzen, Zwiebel andünsten.
③ Mit Salz, Pfeffer und Kurkuma würzen, vom Herd nehmen.
④ Knoblauch schälen und klein hacken.
⑤ Toastbrot würfeln und mit der restlichen Butter in einer Pfanne goldgelb rösten.
⑥ Knoblauch und Rosmarinblätter dazugeben und wenden, von der Herdplatte nehmen.
⑦ Backofen auf 200°C vorheizen.
⑧ Eine feuerfeste Form einfetten.
⑨ Gedünstete Zwiebeln hineingeben.
⑩ Geröstete Brotwürfel darauf verteilen.
⑪ Die Eier aufschlagen und als Spiegelei auf die Brotwürfel setzen.
⑫ Im heißen Ofen die Eier stocken lassen (circa 15 Minuten bei 200°C).
⑬ Petersilie abspülen, trocken tupfen, schneiden und vor dem Anrichten über die Eier streuen.

***Tipp:** Dazu passt ein schöner frischer Blattsalat.*

Weizensprossen-Fenchel-Salat

Zutaten:
1 Fenchelknolle (ca. 600 g)
2 Orangen
2 mittelgroße Äpfel
1–2 Tassen Weizensprossen
2 Knoblauchzehen
4 EL kalt gepresstes Olivenöl
1–2 TL Senf
3–4 EL Apfelessig oder Zitronensaft
Salz
Pfeffer aus der Mühle

Zubereitung:
① Die Fenchelknolle waschen und putzen, Stängelröhren und die zwei äußersten Blätter entfernen, die grünen Laubblättchen aufheben.
② Die Fenchelknolle senkrecht halbieren und quer zur Faser in sehr dünne Streifen schneiden.
③ Die Äpfel schälen, Kernhaus entfernen, Äpfel würfeln.
④ Orangen schälen, Fruchtfleisch würfeln.
⑤ Weizensprossen spülen und mit Äpfeln und Orangen mischen.
⑥ Knoblauchzehen schälen und durchpressen.

Für die Soße:
① Essig mit Senf, Knoblauch, Salz, Pfeffer und Olivenöl verrühren.
② Marinade über den Salat geben, abschmecken.
③ Fenchelgrün fein hacken und über den Salat streuen.

***Tipp:** Der Salat ist sehr erfrischend, mit Käse und Brot serviert gibt er ein vollwertiges Abendessen.*

Vollkorn-Lauch-Torte

Zutaten für den Quark-Öl-Teig:
150 g Magerquark
1 Ei
6 EL Öl
2–3 EL Milch
150 g Weizenmehl
150 g Weizenvollkornmehl
½ Pck. Backpulver
1 Prise Salz
½ TL gemahlener Koriander

Zutaten für den Belag:
500 g Lauch
200 g kleine Champignons (aus dem Glas)
100 g geriebener Emmentaler Käse
1 Becher Schmand (200 g)
3 Eier
Salz
Pfeffer
Kurkuma
½ TL Kümmel oder Kreuzkümmel
3 EL Öl

Zubereitung des Belags:
① Lauchstangen putzen, waschen, der Länge nach halbieren.
② Lauch in 1 cm dicke Streifen schneiden.
③ Champignons halbieren.
④ Öl in der Pfanne erhitzen.
⑤ Champignons und Lauch darin andünsten.
⑥ Mit Salz, Pfeffer, Kümmel und Kurkuma würzen.
⑦ Mit dem Pfannenwender wenden, abschmecken, von der Kochplatte nehmen und abkühlen lassen.

Zubereitung des Teigs:
① Magerquark mit Ei und Öl verrühren, Salz und Koriander dazugeben.
② Mehl mit Backpulver mischen und sieben.
③ Alle Zutaten zu einem glatten geschmeidigen Teig kneten, evtl. Milch dazugeben.
④ Den Teig zugedeckt ½ Std. in den Kühlschrank stellen.

Fertigstellung der Torte:
① Eier mit Schmand, Salz, Pfeffer und Kurkuma verquirlen.
② Emmentaler und zerstoßenen Kümmel unterheben, abschmecken.
③ Mit der abgekühlten Champignon-Lauch-Masse mischen..
④ Eine Springform mit Butter einfetten.
⑤ Den Quark-Öl-Teig auf einer leicht bemehlten Unterlage dünn ausrollen.
⑥ Springform mit dem Teig belegen und einen 3 cm hohen Rand formen.
⑦ Den Belag auf dem Boden verteilen.
⑧ Im vorgeheizten Backofen bei 180–200°C circa 40 Minuten backen.
⑨ Die Torte in Stücke schneiden und heiß servieren.

Tipp: *Dazu passt Blattsalat. Die Teigmenge reicht für ein Blech. Bei einer Springform bleibt etwas Teig übrig, daraus kann man gefüllte Teigtaschen herstellen (Rezept siehe rechts oben).*

Gefüllte Teigtaschen

Quark-Öl-Teig Rezept siehe Vollkorn-Lauch-Torte-Rezept S. 84

Zubereitung:

① Quark-Ölteig dünn ausrollen.
② Mit einem Glas 8–10 cm Kreise ausstechen.
③ Die Ränder mit Eiweiß bestreichen.
④ In die Mitte des Kreises ein TL Lauch-Champignons-Masse geben.
⑤ Kreis zuklappen und Ränder festdrücken.
⑥ Eigelb verquirlen, eine Prise Curry- oder Paprikapulver beimischen und damit die Teigtaschen bestreichen.
⑦ Auf gefettetem Blech 15–20 Minuten bei 180°C goldbraun backen.

Tomaten

mit Käse-Weizensprossen-Füllung

Zutaten:
8 feste Strauchtomaten
200 g gekörnter Frischkäse
1–2 Tassen Weizensprossen
1 Bund Schnittlauch
1 Knoblauchzehe

Zum Würzen:
Salz, Pfeffer, getrockneter Oregano

Zubereitung:

① Tomaten waschen, trocken tupfen, „Deckel“ abschneiden.
② Das Tomatenfleisch mit kleinem Löffel herauskratzen, Ränder nicht beschädigen.
③ Tomaten mit Salz und Pfeffer würzen.
④ Schnittlauch waschen, fein schneiden.
⑤ Frischkäse in eine Schüssel geben.
⑥ Knoblauch schälen, durchpressen.
⑦ Weizensprossen überbrausen und abtropfen lassen.
⑧ Frischkäse mit Knoblauch, Weizensprossen und Schnittlauch mischen, etwas Schnittlauch zurücklassen.
⑨ Füllung mit Salz, Pfeffer und Oregano abschmecken, in die Tomaten geben und mit Schnittlauch garnieren.

Tipp: *Gefüllte Tomaten auf Salatblättern anrichten.*

Zutaten:
200 g Bulgur (Weizengrütze)
500 g Tomaten
1 Salatgurke
1 Bund Frühlingszwiebeln
1 Bund glatte Petersilie
Saft von 2–3 Zitronen
4 EL Olivenöl
Salz und Pfeffer
Frische Pfefferminzblätter

Frühlingssalat Tabulé mit Bulgur

Zubereitung:
① Bulgur 1–2 Std. in kaltem Wasser einweichen.
② Tomaten und Gurken waschen, abtrocknen und in kleine Würfel schneiden.
③ Frühlingszwiebel putzen, waschen und in feine Ringe schneiden.
④ Eingeweichten Bulgur in ein Sieb geben, abtropfen lassen.
⑤ Zerkleinertes Gemüse mit Bulgur in eine Schüssel geben.
⑥ Mit Zitronensaft beträufeln, gut mischen.
⑦ Petersilie und Minze waschen, hacken (einige Minzeblätter für die Dekoration ganz lassen).
⑧ Kräuter unter den Salat mischen.

weitere Zubereitung auf der nächsten Seite →

Frühlingssalat Tabulé mit Bulgur

⑨ Olivenöl dazugeben.
⑩ Mit Salz und Pfeffer würzen, gut mischen.
⑪ Zugedeckt kalt stellen und durchziehen lassen.
⑫ Vor dem Servieren noch mal mischen und abschmecken und mit Minzeblättern dekorieren.

Tipp: *Tabulé eignet sich für Picknick und kalte Büfetts, kann gut vorbereitet werden. Der Salat behält auch nach ein paar Stunden seine gute Konsistenz, es setzt sich keine Flüssigkeit ab, denn das Gemüsewasser wird vom Bulgur aufgenommen.*

Ägyptischer Brotsalat

Zutaten:
1 Salatgurke (ca. 400 g)
4 feste Strauchtomaten
1 Zwiebel
2 Knoblauchzehen
4 Scheiben Toastbrot
3 EL Olivenöl
1 EL Butter
1 Sträußchen frische Minze oder 1 TL getrocknete Minze
½ Bund glatte Petersilie
Saft einer halben Zitrone
Salz, frisch gemahlener Pfeffer

Zubereitung:
① Gurken und Tomaten waschen und in kleine Würfel schneiden.
② Zwiebel schälen und würfeln.
③ Minze und Petersilie waschen, abtupfen und hacken. Einige Blätter zur Dekoration ganz lassen.
④ Knoblauch schälen und durchpressen.
⑤ Tomaten, Gurken, Zwiebel, Kräuter und Knoblauch mit Zitronensaft und Olivenöl mischen.
⑥ Salat mit Salz und Pfeffer abschmecken und durchziehen lassen.
⑦ Butter in einer Pfanne erhitzen, die Toastscheiben goldgelb anrösten.
⑧ Geröstete Brotscheiben in Würfel schneiden und über den angerichteten Salat streuen.
⑨ Sofort servieren.

Biblischer Brauch: *Frisches Fladenbrot wurde in Olivenöl getaucht, mit Salz bestreut und mit „Bitterkräutern" gegessen.*

Tipp: *Der Salat ist erfrischend, eignet sich als Vorspeise oder als kleine Hauptspeise für heiße Tage.*

Zwiebel, Lauch, Knoblauch

„Wir denken an die Fische, die wir in Ägypten umsonst aßen, und an die Kürbisse, die Melonen, den Lauch, die Zwiebeln und den Knoblauch." (4. Mose 11, 5)

Zwiebel, Lauch, Knoblauch

(Allium cepa, Allium porrum, Allium sativum)

Allgemeines

Die Israeliten ernährten sich während ihrer Knechtschaft in Ägypten vor allem von Brot, Zwiebeln, Lauch und Knoblauch und stärkten sich damit für ihre körperliche Schwerstarbeit. Lauch und Knoblauch waren nicht nur wichtige und beliebte Nahrungsmittel, sie wurden damals schon für medizinische Zwecke genutzt.

Diese Pflanzen gehören zur Familie der Lauch- oder Liliengewächse. Knoblauch kommt ursprünglich aus dem östlichen Mittelmeerraum, man hat ihn in ägyptischen Gräbern als Opfergabe gefunden. Zwiebel und Lauch stammen aus Zentralasien, sie wurden aber in Ägypten und Israel schon vor mehr als 5000 Jahren angebaut.

Die Tausendsassas – Knoblauch & Co

Knoblauch, Zwiebeln und Lauch sind nahe Verwandte, sie enthalten schwefelhaltige Wirkstoffe (Sulfide) in unterschiedlicher Konzentration. Diese Pflanzen sind von großem gesundheitlichen Wert, sie stärken das Immunsystem und haben eine antibiotische Wirkung. Der Hauptinhaltsstoff Allicin ist beispielsweise in der Knoblauchzehe und in der Zwiebel als Vorstufe enthalten. Erst durch den Verzehr oder durch die Verarbeitung entstehen mithilfe eines Enzyms das Allicin und die Polysulfide. Diese Substanzen verursachen den typischen Knoblauchgeruch-, bzw. Zwiebelgeruch, sind aber gleichzeitig für die Gesundheit von großer Bedeutung.

Sie stärken das Immunsystem, wirken antibakteriell, hemmen im Körper das Wachstum von Krankheitskeimen, senken die Blutfettwerte, regulieren den Blutdruck, verbessern die Fließfähigkeit des Blutes und schützen dadurch das Gefäßsystem. Auch der Zellstoffwechsel wird, durch den Gehalt von Folsäure und Vitamin C, verbessert. Zwiebeln, Lauch und Knoblauch sollten häufig und regelmäßig in der Küche verwendet werden, gemäß dem Leitspruch des griechischen Arztes Hippokrates:

„Eure Heilmittel sollen Nahrungsmittel und eure Nahrungsmittel sollen Heilmittel sein".

Zwiebel-, Lauch-, Knoblauchrezepte

Zwiebelsalat mit Äpfeln

Zutaten:
1 große Gemüsezwiebel
3 Äpfel
1 Becher Vollmilch-joghurt
Saft 1 Zitrone
1 Prise Salz
etwas Petersilie
oder Schnittlauch

Zubereitung:
① Die Gemüsezwiebel schälen, halbieren und in kleine Scheiben hobeln.
② Ebenso mit den Äpfeln verfahren.
③ Aus Joghurt, Zitronensaft und Gewürzen eine Marinade herstellen, alle Zutaten mischen und kurz durchziehen lassen.
④ Den Zwiebel-Apfel-Salat mit Kräutern garnieren.

Zwiebelsuppe, pikant

Zutaten:
500 g Zwiebeln
3–4 EL Öl
1 l Gemüsebrühe
¼ l Weißwein
1 TL getrockneten Majoran
Salz
Pfeffer oder Tabasco
zum Abschmecken

Zum Überbacken (nach Belieben):
4 Scheiben Vollkorntoastbrot
4–6 EL geriebenen Emmentaler Käse
Butter

Zubereitung:
① Zwiebeln schälen in feine Ringe schneiden und in Öl goldgelb andünsten.
② Majoran dazugeben, mit Gemüsebrühe auffüllen, 20 Minuten leicht kochen lassen.
③ Wein hinzugeben, mit Salz, Pfeffer oder Tabasco abschmecken.
④ Noch mal erhitzen.
⑤ Heiß servieren.

Oder:
- Fertige Suppe in Suppentassen füllen, getoastete Brotscheiben dünn mit Butter bestreichen und mit Käse bestreut auf die Suppe legen.
- Die Suppe im Ofen oder im Mikrowellenherd überbacken, bis der Käse geschmolzen ist.
- Diese Suppe ist gut gegen Schnupfen und Erkältung.

Marinierter Käse mit Zwiebeln

Zutaten:
250 g Käse (Harzer Käse oder Romadur)
2 kleine Zwiebeln
4 EL Öl
4 EL Weinessig
Kümmel, Pfeffer aus der Mühle
Paprika

Zubereitung:
① Den Käse in Scheiben schneiden.
② Zwiebeln schälen und in Scheiben schneiden.
③ Marinade herstellen aus Essig, Öl, evtl. 2–3 EL Wasser – und Gewürzen.
④ Käse mit Zwiebelscheiben in einer flachen Schale anrichten.
⑤ Marinade darübergießen.
⑥ Mindestens ½ Std. ziehen lassen.

***Tipp:** Dazu schmeckt kräftiges Bauernbrot mit Butter.*

Lauchsuppe mit Weizenschrot

Zutaten:
50 g Weizenfeinschrot
1 l Gemüsebrühe (Brühwürfel)
2 kleine Stangen Lauch
2–3 EL Öl
4 EL saure Sahne
½ TL Paprikapulver
1 TL Kümmelpulver
Salz, Thymian oder Basilikum zum Abschmecken

Zubereitung des Belages:
① Lauchstangen putzen, längs durchschneiden und gründlich waschen.
② Den Lauch in feine Streifen schneiden.
③ Weizenschrot im Topf ohne Fett leicht anrösten.
④ Mit der Gemüsebrühe auffüllen und kochen lassen.
⑤ Inzwischen Lauch in einem zweiten Topf mit Öl und Paprikapulver andünsten.
⑥ Dann die Weizenschrot-Suppe zufügen.
⑦ Alles 10 bis 12 Minuten leicht kochen lassen.
⑧ Mit Thymian oder Basilikum und 4 EL saurer Sahne abschmecken.

Frühlingszwiebeldip mit Quark

Zutaten:
500 g Magerquark
1 Becher (200 g) Sauerrahm
1 Salatgurke
1 Bund Radieschen
2–3 Frühlingszwiebeln
etwas Salz
etwas Pfeffer
Frische Kräuter, z.B.:
Zitronenmelisse
Schnittlauch
Petersilie

Zubereitung:

① Gemüse und Kräuter waschen und zerkleinern. Dabei werden Gurken und Radieschen klein gewürfelt und Frühlingszwiebeln in feine Ringe geschnitten.

② Den Quark mit Sauerrahm gut verrühren und mit Salz und Pfeffer abschmecken.

③ Zerkleinertes Gemüse und Kräuter mit dem Quark mischen.

④ Alles ein wenig durchziehen lassen.

⑤ Vor dem Servieren mit Kräutern garnieren.

Beilage: *Dazu passen Vollkornbrot, Fladenbrot oder Ofenkartoffeln.*

Zwiebelkuchen

Zutaten Hefeteig:
375 g Weizen-
vollkornmehl
½ TL Salz
1/8 L Milch
1 frisches Ei
4 EL Öl
20g Hefe
1 TL gemahlener
Kümmel oder
½ TL Kümmel
½ TL Koriander

Für den Belag:
1kg Zwiebeln
40 g Butter
1 Becher Schmand
(200 g)
3 frische Eier
etwas Salz
1 TL Kümmel, ganz

Zubereitung:
① Aus den Teigzutaten einen mittelfesten Hefeteig herstellen.
② Teig gehen lassen, auswellen und auf ein gefettetes Blech geben.
③ Die Zwiebel schälen, in Ringe schneiden und in Butter andünsten, bis sie glasig sind.
④ Dann vom Herd nehmen und abkühlen lassen.
⑤ Schmand, Eier, Salz und Kümmel gut verrühren und Zwiebelringe untermengen.
⑥ Auf den gegangenen Hefeteig gleichmäßig verstreichen.
⑦ Bei guter Mittelhitze (200° C) im vorgeheizten Ofen circa 30 Minuten backen. Als Getränke passen gut: Bier oder Wein.

Eier-Lauch-Salat

Zutaten:
2 Stangen Lauch
3 Mandarinen
3 Äpfel
1 kl. Dose Ananas
1 kl. Dose Sellerie
6 hart gekochte Eier
1 Becher Crème fraîche
oder Vollmilchjoghurt
Pfeffer und Salz

Zubereitung:
① Lauchstangen längs halbieren, gut waschen.
② Lauch in feine Scheiben schneiden.
③ Äpfel und Mandarinen schälen und klein schneiden.
④ Eier schälen und achteln.
⑤ Sellerie und Ananas klein schneiden.
⑥ Alle Zutaten mit Crème fraîche oder Joghurt mischen.
⑦ Mit Salz und Pfeffer abschmecken.
⑧ Kühl stellen und zugedeckt ziehen lassen.

Zutaten:
2 Stangen Lauch
(nur den weißen Anteil nehmen, grüne Teile für Suppe verwenden)
2 Äpfel
2 Gewürzgurken
1 kl. Dose Gemüsemais
1 Becher saure Sahne oder Vollmilchjoghurt
1 bis 2 TL geriebenen Meerrettich
(evtl. aus dem Glas)
Salz, frisch gemahlener Pfeffer zum Abschmecken

Lauch-Mais-Salat

Zubereitung:
① Lauchstangen waschen und in feine Ringe schneiden.
② Äpfel und Gewürzgurken würfeln.
③ Gemüsemais abtropfen lassen und dazugeben.
④ Marinade herstellen aus Sahne und Meerrettich, mit den übrigen Zutaten mischen und mit Salz und Pfeffer abschmecken.
⑤ Den Lauch-Mais-Salat zugedeckt durchziehen lassen.
⑥ Der Salat eignet sich auch gut als Partysalat.

Knoblauch-Petersilie-Dip

Zutaten:
50 g frische Blattpetersilie
3 Knoblauchzehen
Saft einer halben Zitrone
30 g Pistazienkerne
50 g geriebener Parmesankäse
4 EL Olivenöl
3–4 EL Naturjoghurt
Salz

Zubereitung:
① Petersilie waschen, abtupfen und grob hacken.
② Knoblauchzehen abziehen und grob hacken.
③ Zitrone auspressen.
④ Petersilie, Knoblauch und Pistazienkerne mit Zitronensaft, Olivenöl und Joghurt pürieren.
⑤ Parmesankäse untermischen und mit Salz abschmecken.
⑥ Den Dip nach Belieben mit Petersilienblättern und Pistazienkernen garnieren.

Tipp: *Beilage zu Fladenbrot, Grillfleisch, Käse oder Brotaufstrich mit Tomaten garniert.*

Knoblauchbutter mit Dill

Zutaten:
125 g Butter
3 Knoblauchzehen
3 EL frische Dillspitzen, gehackt
Salz

Zubereitung:
① Weiche Butter in eine Schüssel geben und mit dem Schneebesen schaumig rühren.
② Knoblauchzehen schälen, durch die Knoblauchpresse drücken.
③ Knoblauch und Dill zur Butter geben, mit Salz abschmecken.

Tipp: *Knoblauchbutter passt zu Baguette, Toast, Nudelgerichten und Grillspezialitäten.*

Knoblauchbaguette

Zutaten:
1 Baguettestange
100 g geriebener Käse (z.B. Emmentaler)
Rezept Knoblauchbutter mit Dill, siehe Seite 95

Zubereitung:
① Baguettestange im Abstand von jeweils 2 cm von oben bis zur Hälfte einschneiden.
② Knoblauchbutter in die Spalten streichen.
③ Ofen vorheizen (200°C).
④ Blech mit Alufolie auslegen.
⑤ Brot darauflegen, mit geriebenem Käse bestreuen.
⑥ Auf mittlerer Einschubschiene 8–10 Minuten überbacken, bis der Käse geschmolzen ist.

***Tipp:** Knoblauchbaguette passt als Beilage zu Suppe und Salat.*

Knoblauch-Würzöl

Zutaten:
20 frische Knoblauchzehen
Olivenöl oder kalt gepresstes Pflanzenöl

Zubereitung:
① Die Knoblauchzehen leicht einritzen und in ein verschließbares Glas füllen.
② Die Zehen mit Olivenöl oder kalt gepresstem Pflanzenöl bedecken.
③ Eine Woche ziehen lassen, dann die Knoblauchzehen entfernen.

Anwendung:
Das Öl kann tropfenweise zum Würzen von Salaten und anderen Speisen verwendet werden.

Camembert in Knoblauchöl

Zutaten:
250 g Camembert
4 Knoblauchzehen
1 ungespritzte Zitrone
1 TL getrocknete Rosmarinblätter
1 Lorbeerblatt
0,33 L Olivenöl

Zubereitung:
① Camembert in mundgerechte Stücke schneiden.
② Zitrone heiß waschen und in Scheiben schneiden.
③ Knoblauchzehen abziehen und in Scheiben schneiden.
④ Alles in ein Glas schichten und Rosmarin und Lorbeerblatt zugeben.
⑥ Mit Olivenöl bedecken.
⑦ Kühl stellen, mindestens zwei Tage durchziehen lassen.

***Tipp:** Kühl, aber nicht zu kalt stellen, sonst wird das Olivenöl sülzig.*

Gesundheitstipps

Knoblauch, pikant eingelegt

Zutaten:
4 ganze Knoblauchzwiebeln
1/8 L Weinessig
1/8 L Wasser
1–2 TL Zucker
1 Lorbeerblatt
4 Wacholderbeeren
2 Nelken
1 Zweig Thymian oder Rosmarin
1 grüne Peperoni
½ TL Salz

Zubereitung:
① Die Knoblauchzehen schälen.
② Alle Zutaten in einen Topf geben und 3 Minuten kochen.
③ Heiß in ein sauberes Schraubglas füllen und kühl stellen.

Anwendung:
Jeden Abend 2–3 Zehen zum Abendbrot essen.

Zwiebelsirup

Zutaten:
3 große Zwiebeln
4 EL brauner Kandiszucker
0,25 l Wasser

Zubereitung:
① Zwiebeln schälen und würfeln.
② Zwiebelwürfel mit Kandis und Wasser in einen Topf geben.
③ Kurz aufkochen.
④ Den Sud von der Kochplatte nehmen.
⑤ Einige Stunden zugedeckt stehen lassen.
⑥ Sud abgießen, in eine Flasche füllen und kühl stellen.

Anwendung:
Bei Erkältungskrankheiten täglich 4–5-mal einen Esslöffel Zwiebelsirup einnehmen. Eignet sich auch für Kinder.

Knoblauch-Elixier

Zutaten:
15 geschälte Knoblauchzehen
2 ungespritzte Zitronen
0,5 L Wasser

Zubereitung:
① Die Zitronen heiß waschen und mit der Schale klein schneiden.
② Die Knoblauchzehen schälen und mit den Zitronen und dem Wasser in den Mixer geben, um alles fein zu pürieren.
③ Anschließend in einen Kochtopf füllen, einmal aufkochen lassen und absieben.
④ Das Knoblauchelixier in eine Flasche füllen und kühl stellen.

Anwendung:
Kurmäßig drei Wochen täglich vor oder nach der Hauptmahlzeit ein Schnapsgläschen voll trinken. Das Elixier stärkt die körpereigene Abwehr und ist gut für das Gefäßsystem und die Durchblutung.

Zwiebelwein

Zutaten:
4 mittelgroße Zwiebeln
100 g Honig
1 Fl. Weißwein

Zubereitung:
① Die Zwiebeln schälen, fein schneiden und in eine Weithalsflasche geben.
② Honig und Weißwein hinzufügen.
③ Diesen Ansatz lässt man 4 Tage stehen und schüttelt ihn öfter.
④ Danach werden die Zwiebeln abgeseiht und der Zwiebelwein in Flaschen gefüllt.
⑤ Der Zwiebelwein soll kühl gestellt werden.

Anwendung:
Der Zwiebelwein wirkt stoffwechselanregend, harntreibend und kann als Kur circa 4 Wochen 3-mal täglich eingenommen werden.
Menge: ein Likörglas.

Hinweis: *In der Naturheilkunde werden Zwiebeln und Knoblauch seit Jahrhunderten als bewährte Hausmittel gegen Erkältung oder zur allgemeinen Vitalisierung des Körpers eingesetzt.*

Biblische
Würz- und Heilpflanzen

„Der Herr lässt die Arznei aus der Erde wachsen, und ein Weiser verachtet sie nicht.“ (Sirach 38,4)

Dill

„Auch drischt man den Dill nicht mit Dreschschlitten und lässt auch nicht die Walze über den Kümmel gehen, sondern den Dill schlägt man aus mit einem Stabe und den Kümmel mit einem Stecken." (Jesaja 28, 27)

Zitat

Dill *(Anethum graveolens)*

Allgemeines

Dill wurde in Palästina und Ägypten kultiviert und schon damals als Gewürz- und Heilpflanze vielfältig genutzt. Die einjährige Pflanze gehört zur Familie der Doldenblütler und lässt sich auch leicht in unseren Breitengraden im Garten anbauen, oft sät sich Dill selbst aus.

Verwechslungsgefahr
Dill sollte man nur im Garten ernten, denn in der freien Natur kann er leicht mit ähnlich aussehenden giftigen Doldenblütlern verwechselt werden!

Dill – reich an Wirkstoff

Dillsamen enthalten wertvolle ätherische Öle, beispielsweise Carvon, das eine verdauungsfördernde, krampflösende und beruhigende Wirkung hat. Dillkraut weist einen hohen Mineralstoffgehalt auf, beispielsweise Kalium, Kalzium, Zink, Eisen und Jod. Frischer Dill enthält reichlich Vitamin C (199mg auf 100 g Frischgewicht) und wichtige Carotinoide, die im menschlichen Organismus in Vitamin A umgewandelt werden.

Dill – zart und aromatisch

Das frische Dillkraut eignet sich besonders zum Würzen von Blattsalaten, Gurken, Quarkdip, Kräuterbutter, Fischgerichten und Eierspeisen. Dill gehört auch unbedingt in die „Frankfurter grüne Soße". Frisches Dillkraut darf nicht mitgekocht werden! Bei warmen Speisen wird es an das fertige Gericht gegeben. Die Samendolden hingegen können mitgekocht werden. Sie verwendet man zum Einlegen von Gurken und für Kräuteressig.

***Tipp:** Dillkraut eignet sich hervorragend zum Einfrieren, um es haltbar zu machen. Im Kühlschrank halten sich frisches Kraut und die Samen mehrere Tage im Frischhaltebeutel.*

Dillrezepte

Dill-Gurken-Kaltschale

Zutaten:
1 Salatgurke
4 EL gehackter Dill
1–2 Knoblauchzehen
2 EL Zitronensaft
1 EL gehackte Petersilie
1 Becher Kefir
1,5% Fettgehalt (500 g)
4 EL süße Sahne
½ Tasse Sonnenblumenkerne
etwas Salz
etwas Pfeffer
aus der Mühle

Zubereitung:
① Die Gurke waschen, schälen, der Länge nach halbieren und in feine Stifte schneiden oder hobeln.
② Gehackte Kräuter dazugeben.
③ Knoblauch durch die Knoblauchpresse drücken.
④ Kefir mit Sahne verquirlen.
⑤ Alle Zutaten gut mischen sowie mit Salz und Pfeffer abschmecken.
⑥ Einige Zeit durchziehen lassen.
⑦ Vor dem Servieren die Sonnenblumenkerne in einer Pfanne ohne Fett leicht anrösten und warm auf die Kaltschale geben.

***Tipp:** Besonders als kleine Mahlzeit für heiße Tage geeignet.*

Dill-Essig

Zutaten:
3–4 halbreife
Dilldolden oder
Dillzweige
1 Fl. Weißweinessig

Zubereitung:
① Den Dill in eine Flasche mit weitem Hals geben.
② Die Flasche mit Essig auffüllen.
③ Das Gefäß 2–3 Wochen auf die warme Fensterbank stellen.
④ Dill abfiltern – dann ist der Essig gebrauchsfertig.

Zucchini, süßsauer eingelegt

Zutaten:
3 kg Zucchini
2–3 Dilldolden
50 g Salz
400–500 g Zucker
1 L Weißweinessig
50 g frischer Ingwer
100 g frischer Meerrettich
2 Zwiebeln
2 EL Senfkörner
5 Lorbeerblätter
1 EL schwarzer Pfeffer
1 TL Piment
4 kleine getrocknete Chilischoten
2 EL Wacholderbeeren

Zubereitung:
① Zucchini waschen, der Länge nach vierteln und in fingerdicke Stücke schneiden.
② Zucchini mit Salz, Zucker und Essig in einer großen Schüssel gut mischen und zugedeckt über Nacht stehen lassen.
③ Am nächsten Tag die Zucchini in einen Durchschlag schütten und die Flüssigkeit in einem Topf auffangen.
④ Ingwer, Meerrettich und Zwiebeln schälen und in Scheiben schneiden.
⑤ Dann mit den übrigen Gewürzen in die Flüssigkeit geben und alles aufkochen.
⑥ Die Zucchini in den Sud geben und 5–7 Minuten mitkochen (nicht zu weich kochen!).
⑦ Zucchini heiß in sterile Gläser füllen, mit dem heißen Sud übergießen und sofort verschließen.

Sprossensalat mit Dill und Radieschen

Zutaten:
200 g Sprießkornweizen
1 Bund Radieschen
1 Bund Dill
½ Bund Lauchzwiebeln
Saft einer Zitrone
1–2 EL Sonnenblumenöl (kalt gepresst)
1 TL Senf, Salz
Pfeffer aus der Mühle
1 Prise Zucker

Zubereitung:
① Den Weizen 3–4 Tage keimen lassen, tägl. mit lauwarmem Wasser spülen, abtropfen lassen.
② Radieschen waschen, in Scheiben schneiden.
③ Lauchzwiebeln waschen, in feine Ringe schneiden.
④ Alles mischen.
⑤ Marinade herstellen: Senf, Zitronensaft und Öl verrühren.
⑥ Dill waschen, Dillkraut von Stängel zupfen, fein hacken (einige Zweiglein ganz lassen).
⑦ Alle Zutaten mischen.
⑧ Salat mit Salz, Pfeffer und Zucker abschmecken, in Glasschüssel anrichten.
⑨ Mit Dillzweiglein garnieren.

Seezunge in Dillsoße

Zubereitung:

① Fischfilet mit Zitrone beträufeln und mit Salz und Pfeffer würzen.
② Butter in der Pfanne erhitzen.
③ Fischfilet von beiden Seiten anbraten.
④ Aus der Pfanne nehmen und warm stellen.
⑤ Die Frühlingszwiebeln in der Pfanne andünsten.
⑥ Mit Weißwein und Sahne ablöschen.
⑦ 10 Minuten leicht kochen.
⑧ Dill und Gemüsebrühe dazugeben, mit Salz und Pfeffer abschmecken.
⑨ Fischfilet in die Dillsoße geben, kurz ziehen lassen.
⑩ Auf vorgewärmten Tellern anrichten.

Zutaten:

500 g Seezungenfilet
1 Bund frischer Dill, fein geschnitten
2 Frühlingszwiebeln, fein gehackt
1 Zitrone
40 g Butter
1 Tasse Weißwein
1 Tasse Sahne
1 Tasse Gemüsebrühe
Salz
Pfeffer aus der Mühle

Tipp: *Als Beilage empfiehlt sich Reis oder Kartoffeln.*

Koriander

„Und das Haus Israel nannte es Manna. Und es war wie weißer Koriandersamen und hatte einen Geschmack wie Semmel mit Honig." (2. Mose 16,31)

Koriander *(Coriandrum sativum)*

Koriander – lieblich wie Himmelsbrot Manna

Koriander ist ein Gewürz mit großer geschichtlicher Bedeutung, bereits in antiken Sanskritschriften und im Alten Testament wird er erwähnt und gerühmt. Man vergleicht den Koriandersamen wegen seines lieblichen Geschmacks mit dem „Himmelsbrot" Manna.

Koriander war in biblischer Zeit eine weitverbreitete Würz- und Heilpflanze. Er ist ein Doldenblütler und wird heute hauptsächlich in den Balkanländern, Nordafrika und Osteuropa angebaut.

Koriandersamen wird im Gegensatz zum Blattgrün bei uns vielseitig verwendet. Sein würziges Aroma passt sowohl zu pikant-scharfen Gerichten, als auch zu süßen Speisen.

Er gehört neben Anis, Fenchel und Kümmel zu den klassischen Brotgewürzen. Koriander rundet den Geschmack vieler Speisen ab. Er eignet sich zum Würzen von allen Kohlarten, Bohnen, Linsen, Roter Beete, Salaten, Suppen, Fleisch- und Fischspeisen. Auch zu Birnen-, Apfel- und Pflaumenkompott passt er gut. In der Vorratshaltung braucht man ihn für Chutneys oder eingelegte Gurken.

Koriander – gut gegen Bauchweh

Koriander regt die Magensaftsekretion an. Er wirkt krampflösend im Verdauungstrakt und hilft bei Blähungen und Völlegefühl. Koriander kann gut mit Anis, Fenchel und Kümmel gemischt werden und so als Tee gegen Verdauungsbeschwerden verabreicht. Das ätherische Öl wirkt darüber hinaus antibakteriell und antimikrobiell (pilztötend). Koriander löst Schleim, ist gut gegen Husten und Erkältung und hat eine beruhigende Wirkung.

Korianderfladenbrot

Zutaten:
400 g Weizenmehl
200 g Roggenmehl
1 Päckchen Hefe
1 TL Zucker
1 frisches Ei
0,25 l lauwarme Milch
1 EL Leinsamen
je 1 TL gemahlener Koriander und Anis
1 Prise Salz

für den Belag:
Etwas Milch und zum Bestreuen gestoßener Koriander.

Zubereitung:
① Mehl in Schüssel sieben.
② In die Mitte eine Mulde machen.
③ Hefe in die Mulde bröseln, mit Zucker, etwas lauwarmer Milch und Mehl zu einem Teig verrühren.
④ 20 Minuten an einem warmen Ort gehen lassen.
⑤ Den Teig mit allen Zutaten zu einem mittelfesten Teig kneten.
⑥ Teig gehen lassen, bis er sein Volumen verdoppelt hat.
⑦ Teig erneut kurz kneten und in 6–8 Portionen teilen.
⑧ Jedes Teil auf bemehltem Brett in 1 cm dicke Fladen ausrollen.
⑨ Die Fladen auf ein gefettetes Backblech legen, zugedeckt 10 Minuten gehen lassen.
⑩ Ofen vorheizen.
⑪ Fladen mit Milch bestreichen und mit gestoßenem Koriander bestreuen.
⑫ Vor dem Backen den Teig mit einer Gabel anstechen (um Luftblasen zu verhindern).
⑬ Im vorgeheizten Ofen bei 220°C 15–20 Minuten goldgelb backen.

Tipp: *Mit Butter frisch bestrichen, schmecken die Fladen am besten. Auch ein knackiger Salat oder ein Kräuterdip passen gut dazu.*

Koriander-Likör

Zutaten:
1 Flasche Korn (38%)
ca. 100 g weißer Kandis
30 g Koriandersamen (Apotheke oder Reformhaus)

Zubereitung:
① Den Koriandersamen im Mörser zerstoßen. Falls kein Mörser vorhanden ist, können die Körner in ein sauberes Geschirrtuch eingeschlagen und mit der Küchenrolle zerdrückt werden.
② Den Koriander mit Korn und Kandis in eine Weithalsflasche geben und verschließen.
③ Die Flasche an einen warmen Ort stellen und einmal täglich schütteln.
④ Nach circa drei Wochen alles durch einen Kaffeefilter gießen und den fertigen Korianderlikör kühl stellen.

Tipp: *Koriander ist gut für den Magen und fördert die Verdauung.*

Hähnchentopf mit Koriander

Zutaten:
4 Hähnchenkeulen
8 kleine Zwiebeln
1 Dose geschälte Tomaten (Abtropfgewicht 480 g)
4 Knoblauchzehen
3 EL Olivenöl
1 EL gestoßener Koriandersamen
1 TL getrockneter Thymian
Cayennepfeffer
Salz
Pfeffer aus der Mühle
1 kl. Bund Koriandergrün oder glatte Petersilie

Zubereitung:

① Hähnchenkeulen waschen, mit Küchenpapier trocken tupfen und mit Salz und Pfeffer einreiben.
② Zwiebel schälen, ganz lassen.
③ Knoblauch schälen, in Scheiben schneiden.
④ Das Öl in einer Schmorpfanne erhitzen, den gestoßenen Koriandersamen dazugeben.
⑤ Hähnchenkeulen von beiden Seiten darin anbraten, herausnehmen.
⑥ Ganze Zwiebeln und geschnittenen Knoblauch in den Topf geben, anbraten.
⑦ Geschälte, abgetropfte Tomaten und den Thymian hinzugeben, verrühren.
⑧ Mit Salz und Cayennepfeffer abschmecken.
⑨ Die Hähnchenkeulen auf das Tomatenbett setzen.
⑩ Den Topf in vorgeheizten Backofen setzen.
⑪ Zugedeckt bei circa 180° C 45–50 Minuten schmoren.
⑫ Deckel abnehmen, 10 Minuten grillen, dann werden die Keulen leicht knusprig.
⑬ Koriandergrün oder die Blattpetersilie hacken und über die Hähnchenkeulen streuen.

Tipp: *Dazu passt Reis, und besonders gut schmecken dazu frische Käsebrötchen mit Schwarzkümmel (siehe hierzu Rezept auf Seite 127).*

Kreuzkümmel

„Wenn ein Bauer die Aussaat vorbereitet ... streut er Schwarzkümmel und Kreuzkümmel aus, sät Weizen, Hirse und Gerste auf sein Feld und Dinkel an die Ränder" (Hohelied 4, 1–3)

Zitat

Kreuzkümmel

(Cuminum cyminum)

Kreuzkümmel – Gewürz aus dem Fernen Osten

Kreuzkümmel, auch Kumin genannt, wird seit alter Zeit als Würz- und Heilpflanze angebaut. Die einjährige Pflanze gehört zur Familie der Doldenblütler.

Kreuzkümmel sieht dem einheimischen Wiesenkümmel ähnlich. Seine grüngrauen Samen schmecken aber schärfer und herb, und sein Aroma ist von großer Würzkraft. Beliebt ist Kreuzkümmel in den Küchen des Fernen Ostens, Nordafrikas und Mexikos. Hauptanbaugebiete sind heute Indien, der Mittlere Osten und Nordafrika. Getrockneten Kreuzkümmel gibt es im Gewürzhandel „Eine-Welt-Läden" oder in Apotheken zu kaufen.

Kreuzkümmel wärmt von innen

Kreuzkümmel fördert die Verdauung, regt die Speicheldrüsen- und Magensaftproduktion an, fördert die Gallensaftproduktion und damit auch die Fettverdauung. Er ist gut gegen Blähungen, Magenkrämpfen und Völlegefühl. Kreuzkümmel hilft auch bei Husten, Bronchitis und Erkältung.

Die ätherischen Öle des Kreuzkümmels wirken wärmend von innen und unterstützen die Hautdurchblutung. Der Kreuzkümmel hat einen intensiven Geschmack und gibt den Speisen eine interessante Note. Er passt gut zu Kohlgerichten, zu deftigen Fleischspeisen, aber auch in den Gemüsetopf, zu Reis- und Hackfleischgerichten, Chutneys und Käse. Er gehört unbedingt in ein Couscous und ist häufig Bestandteil von Gewürzmischungen.

Tipp: Mit Kreuzkümmel sollte man sparsam würzen, damit sich der Gaumen allmählich daran gewöhnt.

Am besten verwendet man Kreuzkümmel zunächst als Einzelgewürz in einem Gemüseeintopf. Gut harmonisiert er auch mit Ingwer, Koriander, Lorbeer, Nelken oder Zimt.

Kreuzkümmel ist ganz oder gemahlen im Handel erhältlich, oft auch unter der Bezeichnung Kumin. Die ganzen Samen halten ein Jahr und länger, wenn sie trocken, dunkel und luftdicht verschlossen gelagert werden. Das Pulver verliert schnell sein Aroma und den Geschmack. Am besten die Samen frisch mahlen oder im Mörser zerstoßen.

Kreuzkümmelrezepte

Orangensalat mit Kreuzkümmel und Oliven

Vorspeise

Zutaten:
5 Orangen
(mittelgroß und
ohne Kerne)
2 rote Zwiebeln
Saft einer Zitrone
1 EL gestoßener
Kreuzkümmel
4 EL Olivenöl
1 EL gehackte
frische Minze
100 g schwarze Oliven
(ohne Kerne)
Salz
Pfeffer aus der Mühle

Für die Garnitur:
Frische Minzeblätter

Zubereitung:
① Orangen schälen, weiße Haut entfernen.
② Orangen quer in dünne Scheiben schneiden.
③ Zwiebeln schälen, in Ringe schneiden.
④ Oliven in Ringe schneiden.
⑤ Orangen-, Zwiebel- und Olivenscheiben abwechselnd in flache Glasschüssel schichten.
⑥ Über jede Schicht Zitronensaft und Olivenöl träufeln und Kreuzkümmel, gehackte Minze, Salz und Pfeffer streuen.
⑦ Den Salat abdecken und eine Stunde kühl stellen.
⑧ Vor dem Servieren mit Minzeblättern garnieren.

Joghurt-Mix mit Kreuzkümmel

Zutaten:
2 TL Kreuzkümmel
2 Becher Vollmilchjoghurt
(à 150 g)
0,25 l Buttermilch
0,25 L Mineralwasser
mit Kohlensäure
½ Bund glatte Petersilie
Salz zum Abschmecken

Zubereitung:
① Kreuzkümmel in einer heißen Pfanne ohne Fett anrösten.
② Kreuzkümmel im Mörser zerreiben.
③ Petersilie waschen, fein schneiden, einige Blätter zur Dekoration zurücklegen.
④ Vollmilchjoghurt, Buttermilch, Kreuzkümmel, Petersilie im Mixer mixen bzw. pürieren.
⑤ Mit Salz abschmecken.
⑥ In hohen Gläsern anrichten.
⑦ Mit kaltem Mineralwasser auffüllen und mit Petersilieblättern garnieren.

***Tipp:** Ein ausgezeichnetes Erfrischungsgetränk für heiße Tage und Partys.*

Bulgursuppe mit Kreuzkümmel

Zutaten:
1–2 TL ganze Kreuzkümmel
3 EL Bulgur (Weizengrütze)
½ TL Kurkumapulver
1 gewürfelte Zwiebel
1 geraspelte Möhre
2 EL Sonnenblumenöl
1 L Gemüsebrühe (Instant)
1 Sträußchen glatte Petersilie
Salz und Pfeffer

Zubereitung:
① Den Kreuzkümmel im Mörser zerstoßen.
② Topf ohne Öl auf der Herdplatte erhitzen.
③ Den Kreuzkümmel kurz anrösten – darf nicht dunkel werden!
④ Kreuzkümmel in ein Schälchen schütten.
⑤ Das Öl im Topf erhitzen.
⑥ Den Bulgur goldgelb anrösten.
⑦ Gewürfelte Zwiebel zugeben.
⑧ Umrühren und andünsten.
⑨ Geraspelte Möhre, Kreuzkümmel und Kurkumapulver unterrühren.
⑩ Abgeschmeckte Gemüsebrühe aufgießen, umrühren.
⑪ Die Suppe zugedeckt 15–20 Minuten leicht köcheln lassen, bis Bulgur und Möhre weich sind.
⑫ Mit Salz und Pfeffer abschmecken.
⑬ Die Petersilie waschen und hacken und damit die Suppe anrichten.

Tipp: *Vor dem Servieren die Konsistenz der Suppe prüfen. Da Bulgur sehr quellfähig ist, muss ggf. noch etwas Flüssigkeit aufgegossen werden.*
Man kann die Suppe geschmacklich auch mit einigen Löffeln Milch oder Sahne abrunden.

Käsestangen mit Curry und Kreuzkümmel

Zutaten:
150 g Mehl
125g Butter kalt
100 g geriebener Käse
2 EL gemahlene Kürbiskerne
1 Ei
2 TL Currypulver
Prise Salz
Kreuzkümmelsamen zum Bestreuen

Zubereitung:
① Mehl und Currypulver in eine Schüssel sieben.
② Kalte Butter klein schneiden und über das Mehl geben.
③ Mehlmischung und Butter mit den Händen abbröseln, bis eine grobkrümelige Masse entsteht.
④ Geriebenen Käse und gemahlene Kürbiskerne untermischen.
⑤ Das Ei trennen und das Eigelb zufügen.
⑥ Nach Bedarf mit einer Prise Salz abschmecken.
⑦ Alles zu einem festen glatten Teig verarbeiten.
⑧ Teig zu einer Rolle formen.
⑨ In Alufolie einwickeln und eine Stunde in den Kühlschrank legen.
⑩ Backofen auf 170° C vorheizen.
⑪ Teig auf einer bemehlten Arbeitsfläche etwa 3 mm dick ausrollen.
⑫ Mit dem Teigrädchen oder Messer Teigstreifen schneiden (12 x 2 cm).
⑬ Mit Eiweiß bepinseln.
⑭ Kreuzkümmelsamen daraufstreuen.
⑮ Bei 170° C goldgelb backen (10–15 Min).

Nach Belieben warm oder kalt servieren.

***Tipp:** Die Käsestangen je nach Belieben warm oder kalt genießen.*

***Tipp:** Ein alternatives Knabberzeug, das sehr gut zu Wein passt. Auch als „Fingerfood“ geeignet, dazu reicht man einen Quarkdip.*

Minze

„... Ihr gebt Gott den zehnten Teil von allem, sogar noch von Gewürzen wie Minze, Dill und Kümmel; aber um das Wichtigste an seinem Gesetz, um Gerechtigkeit, Barmherzigkeit und Treue, darum kümmert ihr euch nicht." (Matth. 23,23)

Zitat

Minze *(Mentha longifolia)*

Allgemeines

Minze wird im Neuen Testament zusammen mit Dill und Kümmel erwähnt. Jesus rügte die Pharisäer, die zwar eifrig den Zehnten gaben, aber die wichtigsten Teile des Gesetzes vernachlässigten. Schon vor über 3000 Jahren wurde Rossminze in Ägypten kultiviert und sowohl als Speisegewürz als auch für medizinische Zwecke verwendet. Es gibt viele Minzearten, sie weisen alle einen unterschiedlichen Gehalt an ätherischen Ölen auf. Wer nach Israel oder in nordafrikanische Länder reist, wird dort einen besonders köstlichen, aromatischen Minzetee genießen können.

Alle Minzearten gehören zur Familie der Lippenblütler, sie sind vor allem im Mittelmeerraum heimisch. Die Minze wächst aber auch in unseren Hausgärten, treibt gern Wurzelausläufer und neigt zum Wuchern, darum sollte man sie „zähmen“ und sie beispielsweise in einen großen Topf pflanzen, um so ihren Radius zu begrenzen.

Tipp: Teezubereitung
1–2 TL getrocknete Teeblätter mit 0,25 L kochendem Wasser überbrühen, 5 – 10 Minuten zugedeckt ziehen lassen, abseihen.
2–3 Tassen täglich trinken reicht aus. Den Tee kurmäßig nicht länger als 3 Wochen anwenden.
Für Kleinstkinder ist Pfefferminztee wegen des Mentholgehaltes nicht geeignet.

Minze erfrischt

Minze ist mentholhaltig und hat eine belebende, anregende Wirkung. Sie fördert die Gallensaftproduktion und Verdauung, ist gut bei Blähungen, krampfartigen Schmerzen und Menstruationsbeschwerden. Minze ist Bestandteil vieler Teemischungen. In der richtigen Dosierung sind keine Nebenwirkungen zu befürchten. Pfefferminztee zählt neben Kamillentee zu den bekanntesten und beliebtesten Hausmitteln bei Magen- und Darmbeschwerden.

Minze als Gewürz

Frische Minzeblätter eignen sich zum Würzen von Fleischspeisen, besonders von Lammbraten und Soßen, beispielsweise von Englischer Minzesoße. Darüber hinaus verwendet man sie für Salatmarinaden, Rohkost, Mixgetränke, Desserts, Pilzgerichte, Kräuteressig und Liköre. Eine besondere Delikatesse sind ausgebackene Minzesprossen.

Alle Minzearten eignen sich zum Trocknen. Sie werden kurz vor der Blüte geschnitten und luftig an einem schattigen Platz getrocknet. In einer Dose dunkel aufbewahrt, behalten sie mindestens ein Jahr lang ihr volles Aroma.

Minzerezepte

Lammkoteletts mit Minzebutter

Zutaten:
8 Lammkoteletts
100 g weiche Butter
Saft einer Zitrone
4 EL Olivenöl
3 Knoblauchzehen
2 EL fein gehackte Minzeblätter
Salz
Pfeffer aus der Mühle

Zubereitung der Minzebutter:
① Butter mit einer Prise Salz und etwas Zitronensaft verrühren.
② Gehackte Minze unterkneten.
③ Minzebutter zur Rolle formen, in Klarsichtfolie einschlagen.
④ Kalt stellen.

Zubereitung der Koteletts:
① Knoblauchzehen abschälen, zerdrücken, mit Olivenöl und dem restlichen Zitronensaft verrühren.
② Mit Salz und Pfeffer würzen.
③ Koteletts unter fließendem Wasser kalt abspülen, mit Küchenkrepp trocken tupfen.
④ Fettrand einschneiden, mit der Hand leicht flach drücken.
⑤ Koteletts mit der Marinade einpinseln, 2 Std. zugedeckt ziehen lassen.
⑥ Lammkoteletts auf dem Grill von jeder Seite etwa 5 Minuten knusprig grillen oder in der Pfanne braten.
⑦ Mit einer Scheibe Minzebutter anrichten.

***Tipp:** Dazu passt Fladenbrot und Blattsalat.*

Minze-Sahne-Dessert

Zutaten:
500 g Magerquark
1 Becher Naturjoghurt
3–4 EL Honig
1 Becher Schlagsahne (250 ml)
1 Handvoll frische Minzeblätter
Päckchen Vanillezucker

Zubereitung:
① Quark mit Joghurt und Honig verrühren.
② Minzeblätter abspülen, trocken tupfen, fein hacken (einige Blätter ganz lassen).
③ Gehackte Minze unter den Quark geben.
④ Sahne mit Vanillezucker aufschlagen.
⑤ 2/3 Sahne unter die Quarkcreme heben.
⑥ Dessert in Glasschalen anrichten und mit Sahnehäubchen und Minzeblättern garnieren.

Minze-Apfel-Chutney

Zutaten:
1 kg säuerliche Äpfel
1 Gemüsezwiebel
150 g Kandis
1 EL Senfkörner
1 TL Cayennepfeffer
Salz
5 EL Weinessig
Saft von 2 Zitronen
1 Bund Minze

Zubereitung:
① Äpfel schälen und in Stücke schneiden.
② Zwiebel würfeln.
③ Äpfel, Zwiebel, Kandis, Senfkörner, Cayennepfeffer und Salz in einen großen Topf geben.
④ Weinessig und Zitronensaft dazugießen.
⑤ Die Mischung zum Kochen bringen. Bei kleiner Hitze 20–30 Min. kochen und dabei ab und zu umrühren.
⑥ Minze abspülen, trocken tupfen und die Blätter grob hacken.
⑦ Zum Chutney geben und noch 5 Minuten mitkochen.
⑧ In Gläser füllen, mit Twist-Off-Deckel verschließen.

Dieses Chutney eignet sich als Beilage zu gebratenem oder gegrilltem Fleisch, Fondue oder gebackenem Camembert.

Tipp: *Wenn keine frische Minze vorhanden ist, kann auch 1–2 Esslöffel getrocknete Minze verwendet werden.*

Minze-Melissen-Likör

Zutaten:
3 Stängel Pfefferminze
Eine Handvoll frische Melissenblätter
1 Flasche 0,7 L Korn (38%)
150 g brauner Kandis

Zubereitung:
① Alle Zutaten in eine weithalsige Flasche geben.
② Verschließen, auf die warme Fensterbank stellen und täglich schütteln.
③ Nach drei Wochen abseihen.
④ Den Likör in Flaschen füllen und vier Monate im Keller ruhen lassen.

Anwendung: *Kalt servieren. Der Melissen-Minze-Likör ist magenfreundlich.*

Minzesprossen, in Weinteig gebacken

Zutaten:
20–30 junge zarte Minzesprossen
150 g Weizenmehl (Type 1050)
2 Eier
0,25 l Weißwein
1 Prise Salz
Pflanzenöl zum Ausbacken

Zubereitung:
① Mehl mit Wein, Eigelb und Salz zu einem Teig verrühren.
② Teig ruhen lassen.
③ Inzwischen Minzesprossen kalt abbrausen, mit Küchenpapier trocken tupfen.
④ Das Eiweiß steif schlagen.
⑤ Eiweiß unter den Teig heben.
⑥ Pflanzenöl (2 cm hoch) in Pfanne erhitzen.
⑦ Die Minze am Stängel anfassen, durch den Teig ziehen und im heißen Öl goldgelb knusprig backen.
⑧ Heiß servieren und mit Puderzucker bestreuen oder mit Honig beträufeln.

Tipp: *Ein erlesener Nachtisch! Wilde Bachminze eignet sich im Frühjahr besonders gut dazu. Die Minzestängel sollten noch weich sein.*

Echter Schwarzkümmel

„Wenn ein Bauer die Aussaat vorbereitet.... streut er Schwarzkümmel und Kreuzkümmel aus, sät Weizen, Hirse und Gerste auf sein Feld und Dinkel an die Ränder". (Jesaja 28, 24–26)

Zitat

Echter Schwarzkümmel

(*Nigella sativa*)

Kleines Samenkorn, große Wirkung

Echter Schwarzkümmel wurde schon im Altertum von Arabern, Ägyptern und Indern kultiviert und als Gewürz- und Heilpflanze verwendet. Echter Schwarzkümmel ist der einzige von 14 Arten der Pflanzengattung Nigella, der seit Urzeiten angebaut wird. Schon von biblischer Zeit bis heute ist es ein weitverbreiteter Brauch, Schwarzkümmelsamen auf Fladenbrot und Kuchen zu streuen.

Aus botanischer Sicht hat Schwarzkümmel mit anderen Kümmelarten nichts gemeinsam. Die anspruchslose einjährige Pflanze gehört nicht zu den Doldenblütlern, sondern zur Familie der Hahnenfußgewächse. Echter Schwarzkümmel ist verwandt mit der Gartenblume „Jungfer im Grünen". Beide Pflanzen haben feingefiederte Blätter und werden 30–60 cm hoch. Aus den blau-weißen Blüten bilden sich Kapseln, die kleine schwarze Samen enthalten.

Schon die Ärzte der ägyptischen Pharaonen schätzten den Echten Schwarzkümmel und seine verdauungsfördernde und schmerzstillenden Eigenschaften. Der Same enthält hochwirksames Öl, das bis zu 80% mehrfach ungesättigte Fettsäure aufweist. Schwarzkümmel hat eine stimulierende und regulierende Wirkung auf das Immunsystem, er hilft bei rheumatischen Erkrankungen, Allergien, Hautekzemen und Asthma. Ferner wirkt sich Schwarzkümmel positiv auf den Cholesterinspiegel im Blut aus.

Tipp zur Aufbewahrung und Anwendung: *Der ganze Same wird in luftdichten Behältern dunkel und kühl aufbewahrt.*
Vor der Verwendung im Mörser zerkleinern oder den Samen leicht anrösten (bis er springt), damit wird das Aroma aktiviert.

Schwarzkümmel – „Pfeffer des Orients“

Schwarzkümmel findet als Gewürz bei uns noch wenig Verwendung. In den Herkunftsländern Ägypten, Syrien und der Türkei ist er ein unentbehrliches Gewürz, dort wird er geröstet aufs Fladenbrot gestreut.

Die kleinen schwarzen Samen dienen auch als Pfefferersatz, der Geschmack ist herb und würzig. Vor allem vegetarische Speisen kann man damit gut variieren, beispielsweise Gemüse, Hülsenfrüchte, Gurken und Tomatensalat, aber auch Lammfleisch, Geflügel, Fisch und Chutneys.

Das Aroma von Schwarzkümmel ist dezent, darum kann er auch gut mit anderen Gewürzen kombiniert werden, beispielsweise mit Koriander, Kreuzkümmel, Knoblauch, Thymian, Bohnenkraut und Pfefferminze. Schwarzkümmel bekommt man im Gewürzhandel, in Apotheken, „Eine-Welt-Läden“ oder in türkischen Lebensmittelgeschäften.

Schwarzkümmelrezepte

Mitternachtssalat
„Fisch unter dem Pelz"

Zutaten:
300 g Matjesfilet (klein geschnitten)
1 große Zwiebel (fein gehackt)
500 g gekochte Kartoffeln (fein gewürfelt)
300 g gekochte Möhren (fein gewürfelt)
300 g gekochte Rote Beete (fein gewürfelt)
4 hart gekochte Eier
1 TL gemahlener Koriander
2 TL Schwarzkümmel
1 Bund frischer Dill
1 Glas Joghurt-Salatcreme
Salz
Pfeffer aus der Mühle

Zubereitung des Schichtglases:
① Schicht: Matjeswürfel und ½ Bund Dill fein geschnitten.
② Schicht: Zwiebelwürfel.
③ Schicht: gekochte Kartoffeln (die halbe Menge), mit 1 Prise Salz und Pfeffer bestreut.
④ Schicht: Joghurt-Salat-Creme (dünne Schicht).
⑤ Schicht: gekochte Roter Beete, mit gemahlenem Koriander gewürzt.
⑥ Schicht: Joghurt-Salat-Creme (dünne Schicht).
⑦ Schicht: gekochte Möhren und 1 TL Schwarzkümmel, trocken geröstet.
⑧ Schicht: Joghurt-Salat-Creme (dünne Schicht).
⑨ Schicht: 2. Hälfte gekochte Kartoffeln, mit 1 Prise Salz und Pfeffer bestreut.
⑩ Schicht: Joghurt-Salat-Creme (dünne Schicht).

Zubereitung der Dekoration:
① Eier schälen, Eigelb herauslösen, fein reiben und über den Salat streuen.
② Das Eiweiß hacken, einen Rand um den Schüsselrand garnieren. Mit 1 TL Schwarzkümmel verzieren.
③ Kalt stellen und 2–3 Std. durchziehen lassen.
④ Vor dem Servieren die Mitte der Schüssel mit Dillblättchen garnieren.

***Tipp:** Jede Portion dieses Schichtsalats durch alle Lagen hindurch abstechen. Der Salat ist farbenfroh und eignet sich für ein festliches Büfett. Beilage: Toast.*

Zutaten:
400 g Sellerie
(geputzt und gewürfelt)
1 gewürfelte Zwiebel
1 EL Mehl
1 l Hühnerbrühe
100ml Sahne
2 x 1 EL Schwarzkümmel
1 EL Butter
Salz und Pfeffer

Ägyptische Selleriecremesuppe mit Schwarzkümmel

Zubereitung:

① Butter mit 1 EL Schwarzkümmel im Topf erhitzen und Zwiebelwürfel darin andünsten.
② Selleriewürfel hinzugeben, umrühren.
③ Gemüse mit Mehl bestauben, kurz anrösten.
④ Mit Hühnerbrühe aufgießen (Vorsicht, Klümpchen!).
⑤ Die Suppe kochen, bis der Sellerie weich ist.
⑥ Sellerie pürieren.
⑦ Sahne unterrühren.
⑧ Die Suppe mit Salz und Pfeffer abschmecken.
⑨ 1 EL Schwarzkümmel in einer Pfanne trocken anrösten.
⑩ Suppe in Tellern anrichten und mit heißem Schwarzkümmel garnieren.

***Tipp:** Die Suppe wärmt von innen, fördert die Durchblutung der Schleimhäute, gut bei Erkältung!*

Käsebrötchen mit Schwarzkümmel

Zutaten:
150 g Magerquark
6 EL Sonnenblumenöl
1Ei
2–3 EL Milch nach Bedarf
300 g Weizenmehl
(Type 1050)
2 TL Backpulver
100 g geriebener
Emmentaler Käse
50 g Gouda Käse
(fein gewürfelt)
1 TL gestoßener Koriander
1 TL Schwarzkümmel
(für den Teig)
1 EL Schwarzkümmel
zum Bestreuen
½ TL Salz
Milch zum Bestreichen

Zubereitung:

① Quark, Milch, Salz, Ei und Öl verrühren.
② Mehl mit Backpulver sieben und unter die Schaummasse kneten.
③ Die Hälfte vom geriebenen Emmentaler Käse mit dem gewürfelten Gouda Käse untermengen.
④ Je 1 TL Koriander und Schwarzkümmel dazugeben.
⑤ Die Teigmasse zu einem glatten, geschmeidigen Teig kneten.
⑥ Teigrolle formen, in Folie einschlagen und ½ Std. ruhen lassen.
⑦ Ofen vorheizen.
⑧ Die Teigrolle in 12–15 Teile schneiden.
⑨ Kleine Kugeln formen, etwas flachdrücken, kreuzweise einkerben.
⑩ Brötchen leicht mit Milch bestreichen und mit der 2. Hälfte vom geriebenen Emmentaler Käse und mit Schwarzkümmel bestreuen.
⑪ Im vorgeheizten Ofen bei circa 180° C 30–35 Minuten backen.

Tipp: *Die würzigen Brötchen schmecken gut als Snack, zu Salat, Bier oder Wein.*

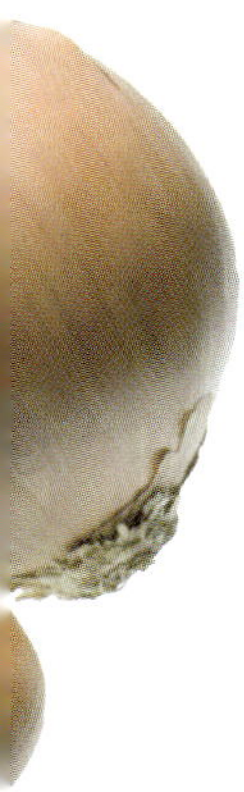

Schwarzer Senf

„Jesus erzählte ihnen noch ein anderes Gleichnis: Wenn Gott jetzt seine Herrschaft aufrichtet, geht es ähnlich zu wie bei einem Senfkorn, das jemand auf seinen Acker gesät hat. Es gibt keinen kleineren Samen; aber was daraus wächst, wird größer als alle anderen Gartenpflanzen ..." (Mtth. 13, 31–32)

Zitat

Schwarzer Senf

(Brassica nigra)

Gleichnis vom Senfkorn

Jesus sprach zur Verdeutlichung seiner Botschaft gern in Gleichnissen, d. h. er schaute auf alltägliche Vorgänge in Natur und Umwelt und nahm sie als Bildvergleiche für seine theologischen Aussagen. Im Gleichnis vom Senfkorn ist der Schwarze Senf gemeint, eine hoch wachsende Pflanze, die im Mittelmeerraum heimisch ist und heute noch am See Genezareth gedeiht.

Wilder Senf wurde in biblischer Zeit extensiv angebaut und zur Gewinnung von Öl und Heilmitteln genutzt. Auch im antiken Griechenland verwendete man vor 2000 Jahren Senf für medizinische Zwecke.

Zeitgleich entdeckten die Römer den Senf als Gewürz und kulinarische Köstlichkeit, und durch sie verbreitete sich die Pflanze auch nördlich der Alpen.

Senf – scharf und gesund

Senf gehört zur Familie der Kreuzblütler und ist verwandt mit Kresse, Rettich, Meerrettich. Wie alle Kreuzblütler enthält er sekundäre Pflanzenstoffe mit entzündungshemmenden, antibakteriellen Eigenschaften. Diese Wirkung kommt vom Senföl, das nicht nur die abwehrstärkende Komponente beinhaltet, sondern das auch für den typisch scharfen Geschmack verantwortlich ist. Speisesenf regt die Produktion der Verdauungssäfte im Magen-Darm-Bereich an und fördert die Fettverdauung. Bei der Speisesenf- Herstellung ist das Mischungsverhältnis von gelben und schwarzen Senfkörnern ausschlaggebend dafür, ob der Senf milder oder schärfer schmeckt.

Senf passt gut zu Würstchen, gebratenem oder gekochtem Fleisch und Frikadellen. Beliebt sind kalte und warme Senfsoßen zu Fisch und gekochten Eiern. In kleinen Mengen eignet sich Senf auch zur Geschmacksabrundung von Salatdressings. Mit ganzen Senfkörnern würzt man eingemachte Gurken, Mixed Pickles, Chutneys sowie Marinaden für Fleisch, Wild und Fisch.

Volksweisheit:
„Senf reinigt das Hirn, erwärmt den Magen, fördert die Verdauung, erweckt die Natur zur Liebe und vertreibt das Fieber“ (Unbekannter Verfasser).

Senfspezialitäten, selbst gemacht

Feiner Kräutersenf (Blitzrezept)

Zutaten:
1 Glas mittelscharfer Speisesenf
4 EL frische Kräuter

Zubereitung:
① Frische Kräuter waschen, trocken tupfen, Stängel entfernen.
② Blätter fein hacken.
③ Kräuter mit der Senfpaste verrühren.

Auch Trockenkräuter sind geeignet, diese müssen im Mörser zerrieben werden, bevor man sie in den Senf rührt.
Verwendungsmöglichkeiten für den feinen Kräutersenf:
Grillsteaks und Koteletts vor dem Grillen damit bestreichen.
Soßen für Fondues und Eierspeisen, dazu den Kräutersenf mit Joghurt, Quark oder Sauerrahm verrühren.

Geeignete Kräuter sind: *Dill, Estragon, Zitronenmelisse, Thymian, Basilikum, Petersilie.*

Zutaten:
100 g gelbe gemahlene Senfkörner (Senfmehl)
10g Salz
20g Zucker
(für süßen Senf die dreifache Menge)
60ml Weinessig (5-prozentig)
80 ml Wasser
einige Tropfen Speiseöl

Grundrezept mittelscharfer bis scharfer Senf

Zubereitung:

① Senfmehl mit Salz und Zucker mischen.
② Essig und Wasser dazugeben.
③ Mit dem elektrischen Rührgerät oder dem Mixer mindestens 5 Minuten rühren.
④ Prüfen, ob die Senfpaste eine geschmeidige Konsistenz hat.
⑤ Nach Bedarf noch etwas Wasser und ein paar Tropfen Öl unterrühren.
⑥ Dann den Senf in kleine saubere Schraubgläser füllen und kühl aufbewahren.

Der Senf entfaltet erst allmählich sein volles Aroma. Die Schärfe mildert sich nach einigen Tagen.
Dieses Senfgrundrezept kann durch Gewürze beliebig abgewandelt werden, beispielsweise mit geriebenem Meerrettich, fein zerkleinerten Knoblauchzehen, Estragon oder anderen Küchenkräutern. Wer besonders scharfen Senf herstellen möchte, verwendet zum Beispiel eingelegte grüne Pfefferkörner oder Peperonischoten. Soll der Senf eher mild und aromatisch schmecken, erhöht man den Zuckeranteil und würzt das Grundrezept mit abgeriebener Zitronen- oder Apfelsinenschale.
Es gibt viele Möglichkeiten, neue interessante Variationen zu entdecken.

Hinweis: *Ein selbst komponierter Senf ist etwas Besonderes – nicht nur für die eigene Tafel. Hausgemachtes dieser Art, abgefüllt in hübsche Töpfchen, sind ein originelles Geschenk und ein interessantes Angebot für Bauernmärkte. Die gemahlene Senfsaat (Senfmehl) bekommt man in Apotheken, Reformhäusern und im Gewürzfachhandel. Grundsätzlich nimmt man zur Senfherstellung gelbe Senfkörner, wer jedoch extra scharfen Senf herstellen möchte, kann ein Drittel schwarze Senfkörner dazunehmen.*

Fisch-Gemüse-Pfanne mit Senfsoße

Zutaten:
600 g Seelachsfilet
400 g Möhren
300 g Lauch
400 ml Gemüsebrühe
3 EL feiner Tafelsenf
½ TL gemahlenen Kurkuma
Salz
Pfeffer
100 g süße Sahne
30 g Butter
1 Bund Kerbel oder Petersilie

Zubereitung:
① Fischfilet waschen, trocken tupfen und in Portionsstücke schneiden.
② Mit Kurkuma bestreuen.
③ Möhren waschen, putzen und würfeln.
④ Lauchstange der Länge nach durchschneiden, waschen, in Scheiben schneiden.
⑤ Butter im flachen Topf oder in der Pfanne erhitzen.
⑥ Gemüse in der heißen Butter andünsten.
⑦ Gemüsebrühe und Senf zugeben, mit Salz und Pfeffer abschmecken.
⑧ Gemüse 8–10 Minuten dünsten.
⑨ Fischfilet auf das Gemüsebett legen – zugedeckt 10 Minuten dünsten.
⑩ Kerbel oder Petersilie waschen, klein schneiden.
⑪ Sahne zum Gericht geben, mit Salz und Pfeffer abschmecken.
⑫ Mit Kräutern bestreuen und anrichten.

***Tipp:** Dazu passen Reis oder auch Salzkartoffeln.*

Eier in Senf-Sahne-Creme

Zubereitung:
① Magerquark mit Sahne und Joghurt schaumig rühren.
② Fein gehacktes Ei, Kräuter und Senf untermischen.
③ Mit Salz und Pfeffer abschmecken.
④ Quarkcreme in flacher Schüssel oder auf einer Platte anrichten.
⑤ Die gekochten Eier schälen, halbieren, mit der Schnittfläche nach oben auf die Quarkcreme legen.
⑥ Mit Kräuterblättchen garnieren.

***Tipp:** Dazu schmecken Schalenkartoffeln ganz hervorragend.*

Zutaten:
500 g Magerquark
1 Becher saure Sahne
1 Becher Naturjoghurt
4 hart gekochte Eier
1 Ei, hart gekocht und fein gehackt
2–3 EL Tafelsenf
Salz und Pfeffer aus der Mühle

je 2 EL fein gehackte Kräuter:
Dill, Petersilie und Schnittlauch

Zum Garnieren:
Dill- und Schnittlauchblätter

Pikante Senfbutter

Zubereitung:
① Butter schaumig rühren.
② Eigelb durch ein Sieb streichen.
③ Zutaten gut mischen.
④ Mit Salz, Self und Zitronensaft abschmecken.
⑤ Kalt stellen.

Zutaten:
125 g Butter
1 Eigelb
hart gekocht
1–2 EL Tafelsenf
Salz
einige Tropfen
Zitronensaft

***Garniervorschlag:** Butter vor dem Kaltstellen in eine Tortenspritze füllen, Tupfen spritzen und diese kalt stellen.*

***Tipp:** Pikante Senfbutter schmeckt gut zu magerem Fisch oder Bratenaufschnitt.*

Allerlei Spezereien
für Genießer

In der Bibel werden Gewürze auch Spezereien genannt und neben Gold und Edelsteinen als Kostbarkeiten gerühmt. Man verwendete sie nicht nur zum Würzen von Speisen, sondern auch für religiöse Rituale.

„Nimm dir die beste Spezerei: die edelste Myrrhe, fünfhundert Lot, und Zimt, die Hälfte davon, zweihundertundfünfzig, und Kalmus, auch zweihundertundfünfzig Lot, und Kassia, fünfhundert nach dem Gewicht des Heiligtums, und eine Kanne Olivenöl. Und mache daraus ein heiliges Salböl nach der Kunst des Salbenbereiters. Und du sollst damit salben die Stiftshütte und die Lade mit dem Gesetz.“ (Hesekiel 47,12)

Früchte-Lebkuchen

Zutaten:
200 g Weizenmehl (Type 1050)
200 g feine Haferflocken
150 g Zucker
50 g Fett
3 frische Eier
1 Pck. „Neunerlei Gewürz“ 100 g Rosinen
50 g Zitronat (gewürfelt)
50 g Orangeat (gewürfelt)
200 g Feigen (gewürfelt)
50 g gehackte Haselnüsse
50 g gehackte Mandeln
½ TL Pottasche
1 TL Hirschhornsalz

Zuckerguss:
250 g Puderzucker
3 EL Zitronensaft
2 EL Wasser

Zubereitung:
① Honig und Fett erwärmen und wieder kalt werden lassen.
② Schaummasse aus Eiern und Zucker rühren.
③ Hirschhornsalz und Pottasche jeweils getrennt in etwas Wasser auflösen.
④ Alle Zutaten miteinander vermengen.
⑤ Teigmasse auf ein gefettetes Backblech streichen.
⑥ Backzeit: 25 bis 30 Minuten bei 190 °C.
⑦ Puderzucker mit Zitronensaft und Wasser glatt rühren.
⑧ Lebkuchen heiß mit Zuckerguss bestreichen und in Rauten schneiden.
⑨ In Dose aufbewahren.

Hinweis:
Hirschhornsalz und Pottasche sind Backtriebmittel für schwere Teige (Flachgebäck).

Schafskäse, mariniert und eingelegt

Zutaten:
250 g Schafskäse
1 frisches Lorbeerblatt
2 Knoblauchzehen
5 Korianderkörner
6 Pfefferkörner
1 EL Kapern (aus dem Glas)
1 frischer Rosmarinzweig
1 frischer Thymianzweig
10 grüne entsteinte Oliven
Olivenöl (extra nativ)

Zubereitung:
① Schafskäse in Würfel schneiden.
② Knoblauch schälen, in Scheiben schneiden.
③ Pfeffer und Koriander im Mörser zerstoßen.
④ Alle Zutaten abwechselnd in ein Glas schichten.
⑤ Mit Olivenöl bedecken.
⑥ Glas verschließen und 1–2 Wochen im Kühlschrank marinieren.

Tipp: *Zum marinierten Käse schmeckt heißer Toast oder Fladenbrot.*

Heiße Rotweinsuppe mit Zimtsahne

Zutaten:
0,75 L Rotwein
0,25 L Wasser
2 Eigelb
80g Zucker
20g Stärkemehl
1 ungespritzte Zitrone
¼ Zimtstange
3 Gewürznelken
1 Becher süße Sahne
1 EL Puderzucker
gemahlener Zimt

Zubereitung:
① Eigelb mit Zucker im Topf schaumig rühren.
② Stärkemehl, Wein und Wasser hinzufügen.
③ Zitronenschale, Zimtstange und Nelken zugeben.
④ Die Flüssigkeit erhitzen und auf der Kochstelle mit dem Schneebesen abschlagen, bis die Masse aufpufft.
⑤ Gewürze entfernen.
⑥ Suppe abschmecken, evtl. etwas Zucker und Zitronensaft zugeben.
⑦ Sahne mit Puderzucker steif schlagen.
⑧ Heiße Rotweinsuppe mit Sahnehaube servieren, die Sahne mit Zimtpulver garnieren.

Tipp: *Die Suppe wärmt von innen und eignet sich besonders gut für kalte Winterabende. Gut gekühlt schmeckt sie auch als Kaltschale.*

Orientalisches Omelett

Zutaten:
5 frische Eier
1 gehackte Zwiebel
1 Knoblauchzehe
1 Tasse gehackte Petersilie
¼ Tasse gehackter Porree
¼ Tasse gehackter Dill
¼ Tasse gehackter Rahmspinat (evtl. aus der Tiefkühluhe)
¼ Tasse gehackte Minze (oder 1 EL getrocknete Minze)
Salz und Pfeffer
1 TL Kurkuma (Gelbwurz)
½ TL gemahlener Kreuzkümmel
Olivenöl zum Ausbacken

Zubereitung:
① Die gehackten Kräuter in eine Schüssel geben und mit Eiern und Gewürzen mischen.
② In einer großen Pfanne 2–3 EL Olivenöl erhitzen.
③ Die Omelettmasse vorsichtig hineingleiten lassen, glatt streichen.
④ Die Pfanne mit einem passenden Deckel schließen und die Masse circa 5–6 Minuten stocken lassen, bis der Rand fest ist, die Mitte aber noch feucht!
⑤ Mit einem breiten Messer am Pfannenrand das Omelett lösen und vierteln.
⑥ Sobald die Masse in der Mitte gestockt ist, die 4 Teile umdrehen und zugedeckt nochmals kurz backen, bis die Unterseite leicht gebräunt ist.
⑦ Mit Tomatenviertel und Petersilie anrichten.

Das Omelett kann heiß oder kalt gegessen werden.

Biblisches Würzöl

Zutaten:
Olivenöl (0,75 l)

Getrocknete Kräuter:
Je ein Zweig von Beifuß
Ysop, Minze, Myrthe
2 getrocknete Lorbeerblätter
3–4 frische Knoblauchzehen
1 EL Koriander
je 1 TL Kreuzkümmel
Schwarzkümmel und schwarze Senfkörner

Zubereitung:
① Die Kräuter und Gewürze in formschöne Flaschen geben, mit Olivenöl auffüllen.
② 3 Wochen ziehen lassen, täglich einmal schütteln, abseihen.
③ Das aromatische Würzöl kann für Salate und zum Marinieren von Fleisch verwendet werden.

Anmerkung: Die Kräutermischung des biblischen Würzöls ist ausschließlich aus Pflanzen hergestellt, die im Alten Testament eine besondere Bedeutung haben.

Tipp: *Mit Ausnahme von Knoblauch müssen alle Zutaten trocken sein, sonst wird das Öl trüb und verdirbt leicht. Das Öl eignet sich auch als Geschenk oder für Basare.*

Pfirsichchutney
mit siebenerlei Gewürzen

Zutaten:
1kg frische Pfirsiche
1 Tasse Wasser
1 Tasse Weinessig
2 EL Zitronensaft
600 g Zucker
2–3 TL Salz
½ Tasse gehackte Datteln
½ Tasse Rosinen
4 Lorbeerblätter
2 TL gemahlene Nelken
1–2 TL Cayennepfeffer
2 TL Zimt
1 TL Koriander
2 TL gemahlener Ingwer
1 TL gemahlene Muskatnuss
½ Tasse gehackte Pistazienkerne
½ Tasse Mandelstifte

Zubereitung:
① Pfirsiche waschen, Kerne entfernen, klein schneiden.
② Mandelstifte in trockener Pfanne goldgelb anrösten.
③ Pfirsiche in einen Topf geben und mit allen Zutaten gut mischen.
④ Zum Kochen bringen, umrühren.
⑤ Das Chutney circa 30 Minuten kochen lassen, bis es dick wird.
⑥ Heiß in vorbereitete Twist-off-Gläser füllen und sofort verschließen.

Zutaten:
1 ½ EL Koriander
1 EL Kreuzkümmel
1 TL Bockshornklee
1 TL schwarze Pfefferkörner
1 TL schwarze Senfkörner
3–4 kleine getrocknete rote Chilischoten
1 EL gemahlener Kurkuma
½ TL gemahlener Ingwer

Würzmischung, selbstgemacht

Zubereitung:
① Aus den Chilischoten die Samen entfernen, sonst wird das Pulver zu scharf.
② Koriander, Kreuzkümmel, Bockshornklee, Senf und Pfeffer mit Chilischoten in einer Pfanne bei mittlerer Hitze ohne Fett rösten.
③ Umrühren, damit alles gleichmäßig geröstet wird.
④ Sobald die Gewürze duften, aus der Pfanne nehmen.
⑤ Die gerösteten Gewürze in einer Kaffeemühle mahlen.
⑥ Dann das Kurkumapulver und das Ingwerpulver untermischen.
⑦ In ein luftdichtes, dunkles Gefäß geben und verschließen.

***Hinweis:** Die Gewürzmischung sollte nur in kleinen Mengen hergestellt werden, denn durch langes Lagern verliert sie allmählich das Aroma.*

***Tipp:** Zum Mahlen von Gewürzen verwendet man am besten eine alte Kaffeemühle, die nur für diesen Zweck genutzt werden sollte.*

***Tipp:** Es gibt eine Vielzahl von Mischungen, das Grundrezept kann beliebig variiert werden, beispielsweise mit Zimt, Fenchelsamen, Gewürznelken, Kardamom, Lorbeer, Curryblättern, Zitronengras oder Kümmel.*
Der eigenen Fantasie sind keine Grenzen gesetzt.

Marinierter Weinessig

Zubereitung:
① Gewürze mischen und in eine Weithalsflasche füllen.
② Die Gewürze mit Essig begießen – die Flasche verschließen.
③ 6 Tage auf die warme Fensterbank stellen – täglich einmal schütteln, dann abfiltern.
④ Marinierten Essig in eine Flasche füllen, kühl stellen, nach Bedarf verwenden.

Zutaten:
1 l Weinessig
1 EL schwarze Pfefferkörner
1 EL Koriander
1 EL weiße Senfkörner
1 Stck. 2–3 cm frischer Ingwer
½ Zimtstange
2–3 getrocknete Chilischoten
1 EL Gewürznelken
2 frische oder getrocknete Lorbeerblätter
1 Zweiglein frische Myrthe oder
1 EL Pimentkörner

Diesen Schülern der Berufsbildenden Schule Burgdorf Lehrte hat das Kochen mit den Landfrauen sehr viel Spaß und Freude bereitet. Sie fanden es spannend, ihren schulischen Alltag einmal anders zu erleben und engagierten sich bei der Zubereitung der neuen Rezepte weit über das übliche Maß hinaus.

Dafür möchten wir uns herzlich bedanken!